691

MÉMOIRES

ET

ANECDOTES.

MÉMOIRES

ET

ANECDOTES,

POUR SERVIR A L'HISTOIRE

DE M. DE VOLTAIRE,

Avec le Recueil de ses Poésies qui n'ont pas encore paru dans la collection de ses Œuvres.

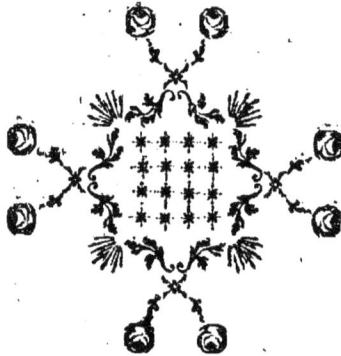

A AMSTERDAM,

Aux dépens de la Compagnie.

M. DCC. LXXIX.

MÉMOIRES

ET

ANECDOTES,

POUR SERVIR A L'HISTOIRE

DE M. DE VOLTAIRE.

LES uns font naître François de Voltaire, le 20 Février 1694; les autres, le 20 Novembre de la même année. Nous avons des médailles de lui, qui portent ces deux dates. Il a dit plusieurs fois qu'à sa naissance on désespéra de sa vie, & qu'ayant été ondoyé, la cérémonie de son baptême fut différée plusieurs mois.

Quoique rien ne soit plus insipide que les détails de l'enfance & du Collège, cependant l'on doit dire, d'après ses propres écrits, & d'après la voix publique, qu'à l'âge d'environ douze ans, ayant fait des vers qui paroissoient au-dessus de cet âge, l'Abbé de Château-Neuf, intime ami de la célèbre Ninon de l'Enclos, le mena chez elle, & que cette fille si singuliere, lui lé-

A 3

gua, par son testament, une somme de deux mille francs pour acheter des livres ; laquelle somme lui fut exactement payée : cette petite piece de vers qu'il avoit faite au College est probablement celle qu'il composa pour un Invalide qui avoit servi dans le Régiment Dauphin, sous Monseigneur, fils unique de Louis XIV. Ce vieux Soldat étoit allé au College des Jésuites, prier un Régent de vouloir bien lui faire un placet en vers pour Monseigneur ; le Régent lui dit qu'il étoit alors trop occupé ; mais qu'il y avoit un jeune Écolier qui pouvoit faire ce qu'il demandoit. Voici les vers que cet enfant composa.

» Digne fils du plus grand des Rois,
» Son amour & notre espérance,
» Vous qui, sans régner sur la France,
» Régnez sur le cœur des Français,
» Souffrez-vous que ma vieille veine,
» Par un effort ambitieux,
» Ose vous donner une étrenne,
» Vous qui n'en recevez que de la main des Dieux ?
» On a dit qu'à votre naissance,
» Mars vous donna la vaillance,
» Minerve, la Sagesse, Apollon, la beauté :
» Mais un Dieu bienfaisant, que j'implore en mes peines,
» Voulut aussi me donner mes étrennes,
» En vous donnant la libéralité.

Cette bagatelle d'un jeune Écolier valut quelques Louis d'or à l'Invalide, & fit quelques bruit à Versailles & à Paris. Il est à croire que dès-lors le jeune homme fut déterminé à suivre son penchant pour la Poésie.

Tout jeune qu'il étoit, il fut admis dans la société de l'Abbé de Chaulieu, du Marquis de la Fare, du Duc de Sully, de l'Abbé Courtin, & il a dit plusieurs fois que son pere l'avoit cru perdu, parce qu'il voyoit bonne compagnie, & qu'il faisoit des vers.

Il avoit commencé dès l'âge de dix-huit ans la *Tragédie d'Œdipe*, dans laquelle il voulut mettre des chœurs à la maniere des anciens. Les Comédiens eurent beaucoup de répugnance à jouer une Tragédie traitée par Corneille, & en possession du Théâtre, ils ne la représentérent qu'en 1718, & encore fallut-il de la protection. Le jeune homme qui étoit fort dissipé & plongé dans les plaisirs de son âge, ne sentoit point le péril & ne s'embarrassa point que sa piéce réussît ou non : il badinoit sur le Théâtre, & s'avisa de porter la queue du Grand-Prêtre dans une scene où ce même Grand-Prêtre faisoit un effet très-tragique ; Madame la Maréchale de Villars, qui étoit dans la premiere loge, demanda quel étoit ce jeune homme qui faisoit cette plaisanterie, apparemment pour faire tomber cette piece ; on lui dit que c'étoit l'Auteur. Elle le fit venir dans sa loge ; & depuis ce tems, il fut attaché à Monsieur le Maréchal & à Madame, jusqu'à la fin de leur vie, comme on peut le voir par cette Épître imprimée.

„ Je me flattois de l'espérance
„ D'aller goûter quelque repos
„ Dans votre maison de plaisance ;
„ Mais Vinache a ma confiance,
„ Et j'ai donné la préférence
„ Sur le plus grands des héros,
„ Au plus grand charlatan de France.

Monseigneur le Prince de Conti, pere de celui qui a été si célébre par les journées de la barricade de Démont, & de Château-Dauphin, fit pour lui des vers : voici les derniers.

„ Ayant puisé ces vers aux eaux de l'Aganippe,
„ Pour son premier projet il fait le choix d'Œdipe,
„ Et quoique dès long-temps ce sujet fût connu,
„ Par un style plus beau cette piéce changée,
„ Fit croire des enfers Racine revenu,
„ Ou que Corneille avoit la sienne corrigée.

On n'a pu retrouver la réponse de l'Auteur d'Œdipe ; on rapporte seulement qu'un jour il dit au Prince, en plaisantant : Monseigneur, vous ferez un grand Poëte ; il faut que je vous fasse donner une pension par le Roi. On prétend aussi qu'à souper il lui dit : sommes-nous tous Princes ou tous Poëtes ?

Il commença la Henriade à Saint Ange, chez M. de Caumartin, Intendant des Finances, après avoir fait Œdipe, & avant que cette piéce fût jouée, on lui a entendu dire, plus d'une fois, que

quand il entreprit ces deux ouvrages, il ne comptoit pas pouvoir les finir, & qu'il ne savoit ni
les régles de la Tragédie, ni celles du poëme
épique; mais qu'il fut saisi de tout ce que M.
de Caumartin, très-savant dans l'histoire, lui
contoit de Henri IV; dont ce respectable Vieillard étoit idolâtre, & qu'il commença cet ouvrage par pur enthousiasme, sans presque y
faire réflexion. Il lut un jour plusieurs chants
de ce poëme, chez le jeune Président des Maisons, son intime ami. On l'impatienta par des
objections; il jetta son manuscrit dans le feu. Le
Président Hénaut l'en retira avec peine.

,, Souvenez vous (lui dit M. Hénaut dans une
,, de ses lettres) que c'est moi qui ai sauvé la
,, Henriade; & qu'il m'en a coûté une belle
,, paire de manchettes.

Il donna la Tragédie de *Mariamne* en 1722.
Mariamne étoit empoisonnée par Hérode; lorsqu'elle but la coupe, la cabale cria : La Reine
boir, & la pièce tomba. Ces mortifications con-
tinuelles le déterminerent à faire imprimer en
Angleterre la Henriade.

, Le Roi Georges I. & sur-tout la Princesse
de Galles, qui depuis fut Reine, lui firent une
souscription immense. Ce fut le commencement
de sa fortune ; car étant revenu en France en
1728, il mit son argent à une lotterie établie
par M. Desforts, Contrôleur-Général des finances. On recevoit des rentes sur l'Hôtel-de-ville
pour billets, & on payoit les lots argent comp-
tant; de sorte qu'une Société qui auroit pris tous
les billets auroit gagné un million. Il s'associa
avec une Compagnie nombreuse, & fut heu-

reux. C'eſt un des aſſociés qui m'a certifié cette anecdote, dont j'ai vu la preuve ſur ſes regiſtres. M. de Voltaire lui écrivoit; pour faire ſa fortune dans ce pays-ci, il n'y a qu'à lire les arrêts du Conſeil.

Il donna en 1730 ſon *Brutus*, que bien des gens regardent comme la Tragédie la plus fortement écrite, ſans même en excepter Mahomet; elle fut très-critiquée. Sa *Zaïre*, jouée en 1733, quoiqu'on y pleurât beaucoup, fut ſur le point d'être ſifflée. On la parodia à la Comédie Italienne, à la foire; on l'appella la pièce des enfans trouvés, Arlequin au Parnaſſe.

Un Académicien l'ayant propoſé en ce temis-là, pour remplir une place vacante, à laquelle notre Auteur ne ſongeoit point. M. de Boze déclara que l'Auteur de Brutus & de Zaïre ne pouvoit jamais devenir un Sujet académique.

Il donna la Comédie de l'*Enfant Prodigue*, le 10 Octobre; mais il ne la donna point ſous ſon nom, & il en laiſſa le profit à deux jeunes Eleves qu'il avoit formés, MM. Linaut & Lamarre, qui vinrent à Cirey, où il étoit avec Madame du Châtelet; il donna Linaut pour Précepteur au fils de Madame du Châtelet, qui a été depuis Lieutenant-Général des armées, & Ambaſſadeur à Vienne & à Londres. La Comédie de l'Enfant Prodigue eut un grand ſuccès. L'Auteur écrivit à Mademoiſelle Quinault : ,, Vous ,, ſavez garder les ſecrets d'autrui comme les vô- ,, tres. Si l'on m'avoit reconnu, la pièce auroit ,, été ſifflée ; les hommes n'aiment pas que l'on ,, réuſſiſſe en deux genres ; je me ſuis fait aſſez ,, d'ennemis par Œdipe & la Henriade ".

Cependant il embraſſoit dans ce tems-là même un genre d'étude tout différent ; il compoſoit les *Elémens de la philoſophie de Newton* ; philoſophie qu'alors on ne connoiſſoit preſque point en France. Il ne put obtenir un privilege du Chancelier d'Agueſſeau, Magiſtrat d'une ſcience univerſelle ; mais qui, ayant été élevé dans le ſyſtême carréſien, écartoit les nouvelles découvertes autant qu'il pouvoit. L'attachement de notre Auteur pour les principes de Newton & de Locke, lui attira une foule de nouveaux ennemis. Il écrivoit à M. Fakener, le même auquel il avoit dédié Zaïre. „On croit que les François „ aiment la nouveauté ; mais c'eſt en fait de „ cuiſine & de modes ; car pour les vérités nou-„ velles, elles ſont toujours proſcrites parmi-nous; „ ce n'eſt que quand elles ſont vieilles qu'elles „ ſont bien reçues ".

Rouſſeau ayant montré à ſon entagoniſte une ode à la poſtérité, celui-ci lui dit : Mon ami, voilà une lettre qui ne ſera jamais reçue à ſon adreſſe. Cette raillerie ne fut jamais pardonnée : il y a une lettre de M. de Voltaire à M. Linaut, dans laquelle il dit : „Rouſſeau me mé-„ priſe, parce que je néglige quelquefois la „ rime ; & moi, je le mépriſe parce qu'il ne „ fait que rimer ".

Les extrêmes bontés avec leſquelles le Roi de Pruſſe l'avoit préyenu, lui firent bien oublier la haine de Rouſſeau. Ce Monarque étoit Poëte auſſi ; mais il avoit tous les talens de ſa place, & ceux qui n'en étoient pas. Une correſpondance ſuivie étoit établié depuis long-temps entre lui & notre Auteur, lorſqu'il étoit Prince Royal héréditaire.

Ce Prince venoit, à son avénement à la Couronne, de visiter toutes les frontieres de ses Etats. Son desir de voir les troupes Françoises, & d'aller *incognito* à Strasbourg & à Paris, lui fit entreprendre le voyage de Strasbourg, sous le nom du Comte du Four; mais ayant été reconnu par un Soldat, qui avoit servi dans les armées de son pere, il retourna à Cleves.

Plusieurs curieux ont conservé dans leur portefeuille une lettre en prose & en vers dans le goût de Chapelle, écrite par ce Prince sur ce voyage de Strasbourg. L'étude de la langue & de la poésie Françoise, celle de la musique Italienne, de la philosophie & de l'histoire, avoient fait sa consolation dans les chagrins qu'il avoit essuyés pendant sa jeunesse. Cette lettre est un monument singulier, d'un homme qui a gagné depuis tant de batailles; elle est écrite avec grace & légéreté. En voici quelques morceaux.

„ Je viens de faire un voyage entremêlé d'a-
„ ventures singulieres, quelquefois fâcheuses &
„ souvent plaisantes. Vous savez que j'étois parti
„ pour Bruxelles, afin de revoir une sœur que
„ j'aime autant que je l'estime; chemin faisant,
„ Algaroti & moi nous consultions la carte
„ géographique pour régler notre retour par Vé-
„ zel. Strasbourg ne nous détournoit pas beau-
„ coup; nous choisîmes cette route par préfé-
„ rence, l'*incognito* fut résolu; enfin tout étoit ar-
„ rangé & concerté au mieux, nous crûmes al-
„ ler en trois jours à Strasbourg.

„ Mais le ciel qui de tout dispose,
„ Régla différemment la chose;

„ Avec des courfiers efflanqués,

„ En droite ligne iffus de Roffinante,

„ Des payfans en couriers mafqués,

„ Nos caroffes cent fois dans la route acrochés ;

„ Nous allions gravement d'une allure indolente.

On dit qu'il écrivoit tous les jours de ces lettres agréables au courant de la plume ; mais il
venoit de compofer un ouvrage bien plus férieux & plus digne d'un grand Prince : c'étoit la
Réfutation de Machiavel ; il l'avoit envoyé à M.
de Voltaire pour la faire imprimer ; il lui donna rendez-vous, dans un petit château, appellé
Meufe, auprès de Cleves ; celui-ci dit : „ Sire,
„ fi j'avois été Machiavel, & fi j'avois eu quel-
„ ques accès auprès d'un jeune Roi, la première
„ chofe que j'aurois faite, auroit été de lui con-
„ feiller d'écrire contre moi. Depuis ce temps,
les bontés du Monarque Pruffien redoublerent
pour l'homme de lettres, qui alla lui faire fa
cour à Berlin fur la fin de 1740, avant que le
Roi fe préparât à entrer en Siléfie.

M. de Voltaire étant à Bruxelles, fit la *Tragédie de Mahomet* ; & alla bientôt après avec
Madame du Châtelet, faire jouer cette pièce à
Lille, où il y avoit une fort bonne troupe, diri-
gée par le fieur Lanoue, Auteur & Comédien ;
la fameufe Démoifelle Clairon y jouoit & mon-
troit déja les plus grands talens. Madame Denis,
niece de l'Auteur, femme d'un Commiffaire-Or-
donnateur des guerres, ancien Capitaine au Régiment de Champagne, tenoit un affez grand état
à Lille, qui étoit au département de fon mari.

Madame du Châtelet logéa chez elle : Mahomet fut très-bien joué.

Dans un entre-acte, on apporta à l'Auteur une lettre du Roi de Prusse, qui lui apprenoit la victoire de Molwitz ; il la lut à l'assemblée ; on battit des mains ; vous verrez, dit-il, que cette pièce de Molwitz fera réussir la mienne.

Elle fut représentée à Paris, le 19 Août de la même année ; ce fut là qu'on vit plus que jamais à quel excès se peut porter la jalousie des gens de lettres, sur-tout en fait de Théâtre.

L'Abbé des Fontaines & un homme Bonneval, que M. de Voltaire avoit sécouru dans ses besoins, ne pouvant faire tomber la Tragédie de Mahomet, la déférerent comme une pièce contre la religion chrétienne, au Procureur général ; la chose alla si loin, que le Cardinal de Fleury conseilla à l'Auteur de la retirer. Ce conseil avoit force de loi ; mais l'Auteur la fit imprimer, & la dédia au Pape Benoît XIV Lambertini, qui avoit déja beaucoup de bontés pour lui ; il avoit été recommandé à ce Pape par le Cardinal Passionei, homme de lettres célebre, avec lequel il étoit depuis long-temps en correspondance. Nous avons quelques lettres de ce Pape à M. de Voltaire. Sa Sainteté voulut l'attirer à Rome, & il ne s'est jamais consolé de n'avoir point vu cette Ville, qu'il appelloit la Capitale de l'Europe.

La pièce est restée en possession du Théâtre, dans le temps même où ce spectacle a été le plus négligé. Il avouoit qu'il se repentoit d'avoir fait Mahomet beaucoup plus méchant que ce grand homme ne le fut. Mais si je n'en avois fait qu'un Héros politique, écrit-il à un de ses amis, la pièce étoit sifflée. Il faut dans une Tragédie de grandes passions & de grands crimes. Au reste, dit-il, quelques lignes après, le *Genus implacabile Vatum*, me persécute plus que l'on ne persécuta Mahomet à la Mecque. On parle de la jalousie & des manœuvres qui troublent les cours ; il y en a plus chez les gens de lettres.

Après toutes ces tracasseries, MM. de Réaumur & de Mairan lui conseillerent de renoncer à la poésie, qui n'attiroit que de l'envie & des chagrins, de se donner tout entier à la physique, & de demander une place à l'Académie des Sciences, comme il en avoit une à la Société Royale de Londres & l'Institut de Boulogne. Mais M. de Fourmont son ami, homme de lettres infiniment aimable, lui ayant écrit une lettre en vers pour l'exhorter à ne pas enfouir son talent, voici ce qu'il lui répondit.

,, A mon très-cher ami Fourmont,
,, Demeurant sur le double Mont,
,, Au-dessus de Vincent-Voiture,
,, Vers la taverne où Bachaumont
,, Buvoit & chantoit sans mesure,
,, Où le plaisir & la raison
,, Ramenoient le temps d'Epicure.

,, Vous voulez donc que des filets
,, De l'abstraite philosophie,
,, Je revole au brillant palais
,, De l'agréable poésie.

„ Au pays où regnent Thalie,
„ Et le cothurne & les sifflets.
„ Mon ami je vous remercie
„ D'un Conseil si doux & si sain.
„ Vous le voulez, je cédé enfin
„ A ce conseil, à mon destin.
„ Je vais de folie en folie,
„ Ainsi qu'on voit une Catin,
„ Passer du guerrier au robin,
„ . . . .
„ Au Courtisan, au Citadin.

„ Ou bien, si vous voulez encore,
„ Ainsi qu'une abeille au matin,
„ Va sucer les pleurs de l'aurore,
„ Ou sur l'absynthe, ou sur le thim,
„ Toujours travaille & toujours cause,
„ Et vous pâtrit son miel divin
„ Des gratte-cus & de la rose.

Et aussi-tôt il travailla à sa *Mérope*; la Tragédie de Mérope, premiere pièce profane qui réussit sans le secours d'une passion amoureuse, & qui fit à notre Auteur plus d'honneur qu'il n'en espéroit, fut représentée le 26 Février 1743.

Je ne puis mieux faire connoître ce qui se passa de singulier sur cette Tragédie, qu'en rapportant la lettre qu'il écrivit le 4 Avril suivant, à son ami M. Daiguebere, qui étoit à Toulouse.

„ La

,, La Mérope n'est pas encore imprimée, je
,, doute qu'elle réussisse à la lecture autant qu'à
,, la représentation. Ce n'est point moi qui ai
,, fait la pièce, c'est Mademoiselle Dumesnil.
,, Que dites-vous d'une Actrice qui fait pleurer
,, pendant trois actes de suite ? Le public a pris
,, un peu le change; il a mis sur mon compte
,, une partie du plaisir extrême que lui ont fait les
,, Acteurs. La séduction a été au point que le
,, parterre a demandé à grands cris à me voir.
,, On m'est venu prendre dans une cache où je
,, m'étois tapi; on m'a mené de force dans la
,, loge de Madame la Maréchale de Villars, où
,, étoit sa belle fille; le parterre étoit fou; il a
,, crié à la Duchesse de Villars de me baiser;
,, & il a tant fait de bruit, qu'elle a été obligée
,, d'en passer par-là, par l'ordre de sa belle-mère.
,, J'ai été baisé publiquement, comme Alain
,, Chartier par la Princesse Marguerite d'Écosse;
,, mais il dormoit, & j'étois fort éveillé.

Je n'aurai rien à dire de l'année 1744, sinon
que mon Auteur fut admis dans presque toutes
les Académies de l'Europe; & ce qui est singulier, dans celle de la Crusca. Il avoit fait une étude
sérieuse de la langue Italienne; témoin une lettre
de l'éloquent Cardinal Passionei, qui commence
par ces mots:

,, J'ai lu & relu toujours avec un nouveau
,, plaisir, votre lettre Italienne, belle & savante;
,, il est difficile de concevoir comment un hom-
,, me, qui possède à fond d'autres langues, a
,, pu atteindre à la perfection de celle-ci.

Ce Cardinal écrivoit en François presqu'aussi
bien qu'en Italien, & pensoit très-judicieusement.

B

M. de Voltaire, fur la fin de l'année 1744, eut
un brevet d'Hiftoriographe de France, qu'il qua-
lifie de magnifique bagatelle; il étoit déja connu par fon hiftoire de Charles XII, dont on a
fait tant d'éditions. Cette hiftoire fut principale-
ment compofée en Angléterre, à la campagne,
avec M. Fabrice, Chambellan de Georges I,
Electeur de Hanovre, Roi d'Angleterre, qui
avoit réfidé fept ans auprès de Charles XII,
après la journée de Pultawa.

C'eft ainfi que la Henriade avoit été commen-
cée à Saint-Ange, d'après les converfations avec
M. de Caumartin.

Cette hiftoire fut très-louée pour le ftyle,
& très-critiquée pour les faits incroyables; mais
les critiques & les incrédules cefferent, lorfque
le Roi Staniflas envoya à l'Auteur, par M. le
Comte de Treffan, Lieutenant-Général, une at-
teftation authentique, conçue en ces termes:

„ M. de Voltaire n'a oublié, ni déplacé au-
„ cun fait, aucune circonftance; tout eft vrai,
„ tout eft dans fon ordre; il a parlé fur la
„ Pologne & fur tous les événemens qui font
„ arrivés, comme s'il avoit été témoin oculaire.
„ Fait à Commercy, le 11 Juillet 1759.

Dès qu'il eut un de ces titres d'Hiftoriographe, il ne voulut pas que ce titre fût vain, &
qu'on dît de lui ce qu'un Commis du tréfor
Royal difoit de Racine & de Boileau; nous
n'avons encore vu de ces Meffieurs, que
leur fignature. Il écrivit la guerre de 1741, qui
étoit alors dans toute fa force, & que l'on re-
trouve dans le fiecle de Louis XIV & de Louis XV.

Il étoit alors à Etiole, avec cette belle Madame d'Etiole, qui fut depuis la Marquise de Pompadour. La Cour ordonna des fêtes pour le commencement de l'année 1745, où l'on devoit marier le Dauphin avec l'Infante d'Espagne. On voulut des ballets avec de la musique chantante, & une espece de Comédie qui servît de liaison aux vers; il en fut chargé, quoiqu'un tel spectacle ne fût point de son goût; il prit pour sujet une Princesse de Navarre. La pièce est écrite avec légéreté. M. de la Popeliniere, Fermier-Général, mais lettré, y mêla quelques ariettes; la musique fut composée par le fameux Rameau.

Madame d'Etiole obtint alors, pour M. de Voltaire, le don gratuit d'une charge de Gentilhomme ordinaire de la Chambre. C'étoit un présent d'environ soixante mille livres; & présent d'autant plus agréable, que peu de temps après, il obtint la grace singuliere de vendre cette place, & d'en conserver le titre, les privileges & les fonctions.

Peu de personnes connoissent le petit *Impromptu* qu'il fit sur cette grace, qui lui avoit été accordée, sans qu'il l'eût sollicitée deux fois.

» Mon Henri-quatre & ma Zaïre,
» Et mon Américaine Alzire,
» Ne m'ont jamais valu qu'un seul regard du Roi.
» J'avois mille ennemis avec très-peu de gloire.
» Les honneurs & les biens pleuvent enfin sur moi,
» Pour une farce de la foire.

Il avoit eu cependant, long-temps auparavant, une pension du Roi de deux mille livres, & une de quinze cens livres de la Reine; mais il n'en follicita jamais le paiement.

L'histoire étant devenue un de ses devoirs, il commença quelque chose du siecle de Louis XIV; mais il differa de le continuer. Il écrivit la campagne de 1744, & la mémorable bataille de Fontenoy. Il entra dans tous les détails de cette journée intéressante. On y trouve jusqu'au nombre des morts de chaque Régiment. Le Comte d'Argenson, Ministre de la guerre, lui avoit communiqué les lettres de tous les Officiers; le Maréchal de Noailles & le Maréchal de Saxe lui avoient confié des mémoires.

En 1750, M. de Voltaire se rendit aux sollicitations du Roi de Prusse, qui le demandoit depuis long-temps, & s'attacha à ce Prince de l'agrément du Roi. Il eut à Berlin la croix du mérite, la clef de Chambellan, & 20000 liv. de pension. Il vivoit avec la plus grande familiarité avec Frédéric. Il couchoit au-dessus de son appartement, & ne sortoit de sa chambre que pour souper.

M. de Voltaire n'a jamais désavoué positivement le bon mot qui piqua si fortement son nouveau Maître contre lui. Le Général Manstein étant venu le prier de mettre en François les mémoires sur la Russie, composés par cet Etranger, il lui répondit: Mon ami, à une autre fois; voilà le Roi qui m'envoye son linge sale à blanchir; je blanchirai le votre ensuite. La querelle de Maupertuis, survenue en même-tems avec ce Poëte, fit éclater le mécontentement du Monarque.

Cét événement le corrigea de l'envie de vivre si familiérement avec les Souverains. Le séjour en Pruſſe lui ſembloit un de ces rèves brillans, que les Poëtes feignent quelquefois dans leurs ouvrages. Celui-ci finit par un coup de tonnerre. M. de Voltaire étoit né avec une indépendance d'idées qui ſe plie impatiémment ſous le joug néceſſaire des Cours. C'eſt à l'occaſion de ſa retraite de Pruſſe qu'il fit la pièce ſuivante, qui n'eſt pas dans le recueil de ſes ouvrages, & qui eſt adreſſée au Marquis d'Adhemar, Grand-Maître de Madame la Margrave de Bareith.

  „ Dans la retraite, où la raiſon m'attire,
    „ Je goûte en paix la liberté,
    „ Cette ſage divinité,
    „ Que tout mortel, ou regrette, ou deſire,
    „ Fait ici ma félicité.
„ Indépendant, heureux au ſein de l'abondance,
    „ Et dans les bras de l'amitié,
„ Je ne puis regretter ni Berlin, ni la France,
    „ Et je regarde avec pitié
„ Les traités frauduleux, la ſourde inimitié,
    „ Et les fadeurs de la vengeance:
„ Mes vins, mes fruits, mes fleurs, ces campagnes, les eaux,
„ Mes fertiles vergers, & mes rians berceaux,

» Trois fleuves que de loin mon œil charmé con-
          temple ,

» Mes pénates brillans fermés aux envieux ;

     » Voilà mes Rois , voilà mes Dieux.

» Je n'ai point d'autre Cour, je n'ai point d'autre
          temple.

     » Loin des Courtifans dangereux ,

          » Loin des fanatiques affreux ,

» L'étude me foutient , la raifon m'illumine ;

» Je dis ce que je penfe & fais ce que je veux ;

          » Mais vous êtes bien plus heureux ,

          » Vous vivez près de Wilhelmine.

M. de Voltaire fe confola des difgraces des
Cours, en faifant des heureux. Il répara les
torts de la fortune envers le fang des Corneilles.
Manes des Calas, des Labarres, des Montbaillis ,
dit un de fes Panégyriftes, vous invoquez fon éloquence ; & ce ne fera pas en vain. S'il ne peut
arrêter le poignard du fanatifme, ou le glaive
précipité de la juftice trompée , dumoins il ef-
facera l'infamie , que le préjugé réfléchiroit fur vos
familles en pleurs.

Mais ce qui mit le comble à fon bonheur,
ce fut de pouvoir profiter des vues patriotiques ,
d'un nouveau Miniftre qui, le premier en France , débuta par être le pere du peuple. La patrie
que M. de Voltaire s'étoit choifie dans le pays
de Gex, eft une langue de terre de cinq à fix
lieues fur deux, entre le Mont-Jura, le lac de
Geneve & la Suiffe. Ce pays étoit infecté par

environ quatre-vingt Sbirres des Aides & Gabel-
les, qui abufoient de la dignité de leur bandou-
liere pour vexer horriblement le peuple à l'infu
de leurs Maîtres. Le pays étoit dans la plus ef-
froyable mifere. M. de Voltaire fut affez heureux pour obtenir du bienfaifant Miniftre un
traité par lequel cette folitude (car on n'ofe pas
dire cette province) fut délivrée de toute vexa-
tion ; elle devint libre & heureufe.

M. de Voltaire fe racommoda depuis avec le
Roi de Pruffe, & il lui appliqua très-heureu-
fement ce vers qu'Horace fit pour fa Maîtreffe;

„ *Nec tecum poffum vivere nec fine te.*

Au milieu des délices de Ferney, il fembloit
cependant qu'il manquoit quelque chofe à fa
fatisfaction. Depuis long-tems fes amis le pref-
foient de revoir fa patrie, dont il paroiffoit en
quelque forte exilé. M. & Madame de Villette
lui firent les inftances les plus vives au commencement de l'année 1778 ; & le Ciel fembla feconder leurs vœux par une température de
douceur extraordinaire qui régna à cette époque.
Il monta en voiture avec Madame Denis &
Madame de Villette.

Son voyage n'eut rien de remarquable, qu'une
aventure qu'il raconta en arrivant. Il avoit mis
pied à terre dans un Village pour changer fes
chevaux.

„ J'ai apperçu, dit-il, à quelques pas un Vieil-
„ lard vénérable, à peu-près de mon âge, & qui
„ affurément étoit plus ingambe que moi. Je me
„ fuis approché de lui, & l'examinant de plus

» près, j'ai cru le connoître, & je lui ai dit :
» Monsieur, je vous demande bien pardon ;
» mais vous ressemblez beaucoup à un enfant
» que j'ai vu il y a soixante-dix ans. Cet homme
» m'a demandé quand & où j'avois vu cet en-
» fant ; & quand je lui ai eu tout expliqué , il
» m'a dit : c'étoit moi ; & après m'être nommé
» à mon tour , nous nous sommes embrassés.

Sa voiture fut arrêtée aux barrieres, suivant
l'usage ; les Commis lui demanderent s'il n'avoit
rien à déclarer ; il leur répondit : Messieurs , il
n'y a que moi ici de contrebande. L'on verra
par la suite que ce propos n'étoit pas une sim-
ple gentillesse.

C'est le 10 Février , qu'après plus de vingt-
sept ans d'absence , cet homme célébre rentra
dans Paris ; & l'on pourroit presque ajouter, dans
sa patrie. Il descendit à l'hôtel du Marquis de
Villette , au coin de la rue de Beaune , &
dès le lendemain ce fut chez lui un concours
de monde prodigieux. Il resta toute la semaine
en robe de chambre & en bonnet de nuit : il
reçut ainsi la Cour & la Ville. La Marquise de
Villette & Madame Denis tenoient le cercle &
faisoient les honneurs ; un Valet de chambre alloit
avertir M. de Voltaire à chaque personne qui
arrivoit ; il venoit. M. le Marquis de Villette
& le Comte Dargental , chacun de leur côté ,
présentoient ceux que le Philosophe ne connoîs-
soit pas, ou dont il avoit perdu le souvenir. Il
recevoit le compliment du curieux ; & lui répon-
doit un mot honnête , puis retournoit dans son
cabinet dicter à son Secrétaire des corrections pour
la Tragédie d'Irène. Sa tendresse paternelle en-

vers cet ouvrage qu'il avoit extrêmement à cœur
de voir jouer, n'étoit pas entrée pour peu dans
fon retour ; mais quelle fut fa douleur d'être
privé de cet Acteur célébre qu'il avoit formé,
de le Kain ! Ce fut l'Abbé Mignot, fon neveu,
qui lui en apprit en même-temps la maladie &
la mort. A cette funefte nouvelle, il fe trouva mal
de faififfement.

Au refte, l'encens qu'on lui prodiguoit fans
relâche, lui auroit fait tout oublier. Rien de
plus flatteur que la fenfation que produifoit
fon arrivée ; les Grands, les femmes les plus dif-
tinguées & les plus aimables, les gens de lettres, les artiftes, les amateurs en tout genre
s'empreffoient de lui rendre hommage. Le Ché-
valier Gluck, partant pour Vienne, avoit re-
tardé fon voyage en faveur de cet illuftre Vieillard.

L'Académie Françoife, dès le 12, avoit ar-
rêté une députation pour complimenter ce Confrere ; elle avoit nommé, contre l'ufage qui n'admet dans ces fortes d'occafions qu'un feul député,
trois de fes Membres, à la tête defquels étoit le
Prince de Beauveau : nombre d'autres auroient
voulu être du cortège.

Le 13, la troupe des Comédiens François
étoit venue lui rendre fes devoirs. Le fieur Bellecour l'avoit harangué par un compliment auquel M. de Voltaire avoit répondu avec beaucoup d'affabilité. Puis en parlant de fa fanté, il
avoit ajouté ces paroles peu dignes de lui, mais
qui manifeftoient bien fon affection pour la
Tragédie ! Je ne puis plus vivre déformais que
pour vous & par vous. Au refte, ce qui prouve

que, rendu à lui-même, il savoit pourtant ap-
précier cela, c'est sa réflexion à cette occasion.
La députation des Comédiens partie, quelqu'un
ayant observé que le sieur Bellecour avoit débité
son discours d'un ton fort pathétique; il répondit: oui, nous avons fort bien joué la Comédie
l'un & l'autre. Ce fut pendant cette cérémonie
qu'il dit à Madame Vestris : Madame, j'ai tra-
vaillé cette nuit pour vous, comme un jeune
homme de vingt ans! Mlle. Arnoux, présente;
car les Courtisannes, célébres par leurs talens,
ou leurs graces, étoient aussi admises aux audiences de cet homme universel, s'écria avec sa
malice ordinaire : Au moins ce n'a pas été sans
rature.

Le lundi 16, on devoit donner, au profit de
la famille de Corneille, la représentation d'une
de ses piéces ; & voulant faire leur cour à M. de
Voltaire, les Comédiens, au lieu d'*Héraclius* an-
noncé, avoient substitué *Cinna*, suivant l'insi-
nuation qu'ils en avoient reçue chez lui, pour
se conformer à la décision du commentateur, qui
juge cette piéce la meilleure de celles du pere
de la Tragédie en France. Mais il s'étoit trouvé
tellement fatigué qu'il n'avoit pu y aller, ni
même sortir encore. Voici le bulletin qu'on ré-
pandit.

,, Lundi 16 Février, M. de Voltaire n'a point
,, donné d'audience générale à cause de son indis-
,, position du Dimanche ; mais il a reçu quelques
,, personnes en particulier, malgré les soins de M.
,, de Villette à veiller à cette précieuse santé, & à
,, empêcher les importuns de pénétrer. Les person-
,, nages les plus distingués, qui ont eu le bonheur

„ de voir le Philosophe, font le Docteur Franc-
„ klin, Madame Necker, M. l'Ambassadeur
„ d'Angleterre & M. Balbastre. On a admiré
„ comment il a varié sa conversation pour des
„ Acteurs aussi divers, & sur-tout avec quelle
„ grace, quelle vivacité, quel esprit il a cherché
„ à plaire à la femme du Directeur général des
„ finances.

„ Quoiqu'il se plaignît du mal de tête, il a
„ voulu flatter l'amour-propre de l'artiste renom-
„ mé qui venoit lui rendre son hommage : il lui
„ a demandé une pièce de clavessin, & cet habile
„ homme a semblé charmer les maux du malade.

Dans le début de la conversation avec M.
Francklin, M. de Voltaire affectoit de parler Anglois à l'illustre insurgent. Madame Denis lui
observa que le Docteur savoit le François, &
qu'on seroit bien-aise de les entendre tous deux :
Ma niece, lui répondit l'oncle, j'ai cédé un moment à la vanité de parler la même langue que
M. Francklin. Sans doute la même vanité lui
avoit suggéré de parler Italien avec M. Goldoni.

Cependant le nouveau genre de vie que me-
noit le Vieillard de Ferney, à Paris, après un
voyage long & fatiguant, dans une saison ri-
goureuse ; les efforts continuels qu'il étoit obligé
de faire pour suffire aux visites qu'on lui rendoit,
aux lettres qu'il recevoit, & sur-tout pour sou-
tenir par des saillies brillantes sa haute réputa-
tation, ce ton du monde, cette politesse de
Cour qu'il vouloit prouver n'avoir pas oubliée ;
ces égards, cette bienveillance générale qu'il
cherchoit à témoigner à chacun d'une maniere
& dans un dégré proportionné ; enfin, son hu-

meur, à laquelle depuis long-tems il avoit donné
un libre cours, & qu'il étoit obligé de réprimer ;
tout cela minoit beaucoup sa santé déja trop al-
térée. Il s'en appercevoit lui-même ; il disoit : L'on
m'étouffe ; mais c'est sous des roses. Il désignoit
par cette métaphore heureuse, le parfum des
louanges qui l'enivroit, & auquel il n'avoit pas
le courage de se souftraire.

Tout n'étoit pas rose cependant pour lui ; s'il
étoit accablé d'une multitude de pièces, de vers
louangeurs & fades, il y avoit des gens qui cher-
choient à aiguiser ces douceurs par des écrits
plus piquans ; il recevoit beaucoup de lettres
anonymes, destinées à empêcher que son amour-
propre ne s'exaltât trop. Entre ces satyres, qui ne
valoient pas toujours mieux que les éloges, il
en faut distinguer une, intitulée ; Avis important
pendant la tenue de la foire Saint-Germain ; où il y
a beaucoup de sel & quelques vérités. On y
relève avec adresse les ridicules & les défauts de
ce grand homme. Le voici :

,, Le sieur Villette, dit Marquis, successeur
        ,, des Jodelles,
,, Facteur de vers, de prose & d'autres bagatelles,
        ,, Au Public donne avis
        ,, Qu'il possède dans sa boutique
        ,, Un animal plaisant unique,
        ,, Arrivé récemment
        ,, De Genève en droiture ;
        ,, Vrai phénomène de nature,
        ,, Cadavre, squelette ambulant.

„ Il a l'œil très-vif, la voix forte;
„ Il vous mord, vous careſſe, il eſt doux il s'em-
    porte :
„ Tantôt il parle comme un Dieu,
„ Tantôt il jure comme un Diable.
„ Son regard eſt malin, ſon eſprit eſt tout feu :
    „ Cet Être inconcevable
„ Fait l'aveugle, le ſourd & quelquefois le mort.
„ Sa machine ſe monte & démonte à reſſort,
„ Et la tête lui tourne en l'appellant grand homme,
„ Du Mont Crapack, tel eſt l'original en ſomme.
    „ On le verra tous les matins
    „ Au bout du quai des Théatins :
„ Par un ſalut profond, beaucoup de modeſtie ;
„ Les grands Seigneurs pairont leur curioſité :
    „ Porte ouverte à l'Académie,
    „ A tous Acteurs de Comédie,
    „ Qui flatteront ſa vanité,
    „ Et voudront adorer l'idole.
    „ Les gens mitrés, portant l'étole,
  „ Pour éviter ſes griffes & ſes dents,
 „ Verront de loin, moyennant une obole,
„ Tout Poète entrera pour quelques grains d'encens.

 Il avoit contre lui tout le parti des dévots,
& tout le clergé, ce qui formoit une nuée
d'ennemis, bien plus conſidérable que le nombre de ſes partiſans & admirateurs. Ils étoient

furieux de l'éclat qu'avoit fait ici son arrivée, & de
la sensation incroyable qu'elle avoit produite. Ils
chercherent d'abord à se prévaloir des défenses
qu'ils croyoient exister, par lesquelles il lui
étoit interdit de reparoître dans cette capitale.
Ils consulterent les registres de la police, ceux
du département de Paris ; ceux des affaires étran-
geres, pour voir s'ils ne trouvoient pas quelque
bout de lettre de cachet, dont ils pussent s'au-
toriser pour le perdre pieusement dans l'esprit
du Roi, déjà très-mal disposé ; projet dans lequel ils espéroient être secondés par Monsieur, ne
goûtant pas davantage le coryphée de la philosophie moderne. Malheureusement il fut constaté
qu'il n'y avoit jamais eu d'ordre par écrit qui ex-
pulsât M. de Voltaire ; que sa longue absence
ne devoit s'attribuer qu'à son inquiétude natu-
relle, & à des insinuations verbales de s'éloi-
gner.

Sans doute, une foule de ses ouvrages brûlés
pouvoient servir de prétexte à lui faire son procès ; mais il n'en avoit signé aucun. Ce sont
des écrits anonymes ou pseudonymes qu'il a
toujours désavoués, & il auroit fallu établir une
instruction en regle qui auroit été trop odieuse
dans ce siecle éclairé, & à laquelle ne se seroit
pas prêté le parlement, dans le sein duquel il
avoit des parens, des amis & des admirateurs.

La cabale des dévots se trouva donc réduite
à intriguer sourdement d'un côté, à crier au
scandale de l'autre, & à gémir universellement
du séjour de cet Apôtre de l'incrédulité dans
cette ville. M. l'Archevêque, comme le plus in-

téreffé à son expulsion, & le plus zélé pour la défense de la religion, en écrivit directement au Roi ; mais on repréfenta à Sa Majefté que ce Vieillard, déja fatigué de fon déplacement dans une pareille faifon, d'une longue route, de la multitude de vifites qu'il avoit reçues, & plus encore affecté du chagrin de déplaire au Monarque, ne pouvoit retourner à Ferney dans le moment ; que ce feroit une inhumanité de l'y contraindre ; qu'il en mourroit, & qu'il étoit de la bonté de S. M. de le laiffer repartir de lui-même, ainfi qu'il fe le propofoit.

Voilà l'état où en étoient les chofes, lorf-que M. de Voltaire tomba férieufement malade par l'accident grave d'un crachement de fang qui lui furvint. Monfieur Tronchin le voyoit tous les jours, & fouvent le matin & le foir ; car M. de Voltaire, en ne pouvant fe ménager fur le moral, lui demandoit fréquemment des con-feils fur fon phyfique. Le Docteur lui défendoit les remédes, & lui ordonnoit de veiller feulement fur fon ame, d'en modérer la fougue, d'en calmer les paffions, de vivre dans la tranquillité & le re-pos ; ne pouvant rien obtenir de ce côté-là, il écrivit au Marquis de Villette le bulletin fui-vant, qui eft d'un genre fingulier, mais qui fut un pronoftic vérifié par l'expérience.

» J'aurois fort defiré de dire de bouche à M. le
» Marquis de Villette, que M. de Voltaire vit,
» depuis qu'il eft à Paris, fur le capital de fes
» forces ; & que tous fes vrais amis doivent
» fouhaiter qu'il n'y vive que de fa rente. Au
» ton dont les chofes vont, les forces dans peu
» feront épuifées, & nous ferons témoins, fi nous

» ne fommes pas complices de la mort de M. de
» Voltaire.

On auroit cru qu'un avertiffement auffi férieux
eût fait quelque impreffion fur le vieux malade,
qui n'avoit pas envie de mourir; mais accoutumé à
vivre depuis quatre-vingt quatre ans, à fe plaindre
toujours, à triompher par la force de fa confti-
tution, de tous les maux qu'il exagéroit, à invo-
quer la médecine & à s'en moquer, il ne fit
pas plus de cas de ce dernier avis de l'amitié.

Ne refpirant qu'après le moment de voir jouer
fa tragédie, le Dimanche 22, il avoit fait la diftri-
bution & confrontation des rôles chez lui, où les
Comédiens étoient mandés. Il les leur avoit fait
répéter le cahier à la main, & mécontent de
prefque tous, il les avoit obligés de recommen-
cer plufieurs fois, & pour leur donner le ton à
chacun, avoit lui-même déclamé fon Irene pref-
qu'en entier. Cet effort, extrême à fon âge,
joint à la colere violente dans laquelle il étoit
refté pendant la plus grande partie de la féance,
lui procura une hémorragie confidérable le Mer-
credi fuivant.

La maladreffe du Journal de Paris d'annoncer
cet événement dangereux dès le lendemain, pro-
duifit le plus mauvais effet par l'éveil qu'en eut
le Clergé. Aucun de fes membres n'avoit encore
vifité ce chef de l'impiété; les Prélats & autres
Eccléfiaftiques, fes confreres de l'Académie n'a-
voient voulu participer en rien aux démarches,
ni même acquiefcer aux délibérations de la compagnie à fon fujet. Il jugea ce moment effentiel
pour pénétrer chez le Moribond, le convertir,
ou du moins en obtenir quelque acte exté-

rieur

rieur de religion, dont il pût se prévaloir &
triompher.

Il y avoit des assemblées chez l'Archevêque
de Paris. On délibéra sur la manière de s'y
prendre, lorsqu'un Abbé Gaulthier, Chapelain
des Incurables, ex-Jésuite, enthousiaste ardent,
tout radieux d'avoir ramené récemment au giron
de l'Eglise l'Abbé Villemesens, le plus fougueux
Janséniste qui eût encore existé. Encouragé d'ailleurs, par l'Abbé de l'Atteignant, ce vieux & en-
durci pécheur, non moins dévoré de zéle en ce
moment, pour la conversion de M. de Voltaire,
se persuada être l'homme que le Ciel avoit des-
tiné à opérer ce miracle. Animé de cette foi vive
qui transporteroit les montagnes, il se rend chez
le Philosophe; il se donne à lui comme un envoyé
de Dieu; il lui parle avec un ton de confiance &
de supériorité, qui lui en impose au point, qu'il
le détermine à se confesser. Il lui arrache en ou-
tre un écrit signé, en forme de profession de foi,
dans lequel l'Apôtre de l'Incrédulité déclare qu'il
veut vivre & mourir dans la Religion Catholi-
que, Apostolique & Romaine, dont il fait profession, & il rétracte tout ce qu'il pourroit y avoir
de contraire dans les écrits qu'il a publiés.

Malheureusement l'Abbé Gaulthier ne s'étoit
pas entendu là-dessus avec M. le Curé de Saint
Sulpice, ou du moins celui-ci conçut contre lui
une jalousie qui ne tourna point au profit de
la Religion. On a vu par la correspondance imprimée, entre M. de Voltaire & le Pasteur, que
le premier ayant eu le tems de se remettre de
l'effroi que lui avoit causé d'une part, la menace
du Médecin, & de l'autre, celle du Prêtre, & le

C

danger ayant cessé, s'étoit également moqué &
du Soldat & du Général.

Le coryphée du parti encyclopédique n'en
fut pas moins blâmé des autres Chefs. Il rougit
lui-même de sa foiblesse, & crut l'excuser par
un autre préjugé également pitoyable; il dit,
qu'il ne vouloit pas que son corps fût jetté à la voi-
rie. Il eut pendant quelques jours envie de retourner à Ferney, pour y aller cacher sa honte;
mais il la jugea bientôt oubliée par le nouvel
encens que firent fumer devant lui ses adorateurs, à
l'occasion de sa convalescence. D'ailleurs, s'il lui
en fût resté quelque impression, le succès de
la première représentation de sa pièce l'auroit absolument effacée.

Depuis quelques jours, il n'étoit question que
d'*Irène*, & c'étoit à qui se pourvoiroit de place
pour la voir. On varioit sur celle qu'y occuperoit
l'Auteur. Les uns le mettoient dans un fauteuil
sur le théâtre, pour que le public pût le con-
templer à l'aise; les autres lui faisoient l'honneur de l'admettre dans la loge de la Reine,
où il seroit derriere Sa Majesté. Des gens plus
sages le plaçoient dans celle des Gentilshommes
de la Chambre; mais c'étoit inutilement: les
Médecins lui avoient défendu d'y assister le premier jour.

Ce fut le 16 Mars qu'on joua cette Tragédie,
tant attendue. Jamais on n'avoit vu si belle assemblée, devenue plus intéressante par les circonstances. Excepté le Roi, toute la famille
Royale, tous les Princes & Princesses du Sang
y étoient. En voici le jugement, qui nous parut
dans le temps aussi raisonnable qu'impartial.

Malgré les éloges outrés, prodigués à M. de Voltaire par les Journalistes & par ses adulateurs, à l'occasion de sa Tragédie d'Irène, l'impartialité veut qu'on assure que les deux premiers actes ont été reçus avec de sincères applaudissemens, & sont en effet semés de beaux traits; mais que les trois derniers, absolument vuides, sont glacials. Il y a dans l'ensemble quelques scènes nobles; il y a des morceaux de sensibilité; mais rien de vraiment tragique; rien de cette éloquence vigoureuse, dont on remarque tant d'exemples dans Œdipe, Alzire, Mahomet, &c. Quant au dialogue, il est lâche, diffus, bavard & plein de répétitions. Les caractères sont ce qu'il y a de mieux; on les a trouvés assez bien frappés, vrais & soutenus; mais ils ne se développent guères qu'en paroles, la pièce étant presque tout-à-fait dénuée d'action. En un mot, elle ne peut que grossir le nombre des dernières Tragédies médiocres de l'Auteur.

Personne n'eut garde de parler aussi sincèrement au Poëte. Pendant qu'on exécutoit sa Tragédie, dès le second acte, un Messager fut députe de la Comédie, pour annoncer à M. de Voltaire la faveur qu'elle prenoit; après le quatrieme, un second vint, avec ordre de pallier le froid presque général, dont on avoit reçu le troisieme & le quatrieme. A la fin du cinquieme, M. Dupuy, le mari de Mlle. Corneille, fut le premier à lui apprendre, qu'Irène avoit eu un succès complet.

Un ami entra, ensuite trouva M. de Voltaire au lit, écrivant, enflé des éloges qu'il venoit de recevoir, & mettant en ordre sa seconde Tragédie

d'Agathocle, pour la jouer de suite. Le Philosophe affecta d'abord beaucoup de flegme & ne
répondit au complimenteur autre chose, sinon, ce
que vous me dites me console ; mais ne me
guérit pas. Cependant il demanda quels endroits,
quelles tirades, quels vers avoient produit le
plus d'effet ; & sur ce qu'on lui cita les morceaux
contre le Clergé, comme ayant été fort applaudis ; il fut enchanté de savoir qu'ils compenseroient la fâcheuse impression que sa confession
avoit produite dans le public.

Les jours suivans, plus de trente Cordons
bleus étant venus se faire écrire chez lui, pour le
féliciter, l'illusion de son succès ne put que s'accroître ; & ce qui y mit le comble, ce fut la
députation du Jeudi 19, de l'Académie Françoise, pour l'assurer de la part que la Compagnie prenoit à son triomphe.

Tout cela n'étoit que le prélude d'une fête
plus extraordinaire, dont les fastes du Théâtre
n'ont point offert encore, & vraisemblablement
n'offriront pas d'exemple.

L'on ne s'arrêtera pas ici à en donner la relation. Toutes les gazettes l'ont faite dans le tems,
dans le plus grand détail. L'on s'arrêtera seulement aux anecdotes moins connues.

Tout est mêlé d'amertume dans cette vie,
& le plus beau triomphe est souvent accompagné d'humiliations : c'est ainsi que M. de Voltaire en a éprouvé plusieurs, dont la moindre
eût été propre à empoisonner le bonheur d'un homme, qui avoit autant d'amour-propre.

19. Le jour de son couronnement, il savoit que
la Reine étoit venue à l'Opéra ; mais avec le

projet de passer *incognito* à la Comédie Françoise, & d'y recevoir sans affectation les hommages du Nestor de la littérature. Elle ne lui a
pas donné cette joie : on a assuré que dans sa loge, elle a reçu un billet qui l'a détournée de
son premier dessein. On prétend même qu'il avoit
été rendu en route à Sa Majesté.

2°. Son Irène a bien été jouée à la Cour,
mais on ne l'a point fait avertir d'y venir, comme il s'en flattoit, & comme la Reine le lui
avoit fait espérer. Mais le jour de la représentation au débotté du Roi, pendant que S. M.
s'habilloit pour le Spectacle, on a entendu les
Courtisans perfides, pour plaire au Monarque,
qu'on fait ne point aimer M. de Voltaire, lui
dénigrer d'avance sa Tragédie, & prématurer
son ennui, qui ne s'est que trop manifesté.

3°. Enfin, le Vieillard de Ferney, qui, en se
repaissant de la fumée de la gloire, ne néglige
pas le solide, & veille à ses affaires en homme
qui s'en occupe essentiellement, est allé un jour
chez un Procureur au Parlement, nommé Hu-
reau, pour lui parler d'un procès, dont celui-ci
n'avoit plus d'idée. Il a eu le dépit de voir ce
suppôt du Palais, l'ignorer absolument, le trai-
ter cavalièrement comme un client ordinaire,
& l'obliger de décliner son nom. Il a dû juger
que ce malheureux Praticien vivoit dans une telle
ignorance, qu'il ne savoit pas seulement que M.
de Voltaire fût à Paris. Il est vrai qu'à ce nom de
Voltaire, il a ouvert les yeux & les oreilles, que
toute la maison en a bientôt retenti, & que la
rumeur, passant de bouche en bouche, le Phi-

lofophe en rentrant dans fon carroſſe s'eſt vu
affailli de toute la populace du quartier.

Une ſcene plus riſible, mais non moins pi-
quante pour M. de Voltaire, s'il en eût été
inſtruit, s'étoit paſſée quelques jours avant. Sous
un bâtelage groſſier, elle donnoit aux Pariſiens
une leçon à la Place de Louis XV. Un Charlatan cherchoit à vendre de petits livrets, où il en-
feignoit des tours de cartes & des ſecrets de
cette eſpece. » En voici un, diſoit-il, Meſſieurs,
» que vous ferez bien-aiſe de ſavoir ; il eſt mer-
» veilleux, & vous n'en douterez plus quand je
» vous apprendrai que je le tiens de Ferney,
» de ce grand homme, qui fait tant de bruit ici,
» de ce fameux Voltaire, notre Maître à tous ».
Tandis qu'un bâteleur le perſiffloit ainſi aſſez
finement devant le peuple, les Prédicateurs ton-
noient contre lui en chaire avec une fureur digne
du quinzieme ſiecle : l'Abbé Beauregard ne l'épar-
gnoit pas même à Verſailles : il gémiſſoit ſur
la gloire dont on affectoit de couvrir le chef auda-
cieux d'une ſecte impie, le deſtructeur de la
Religion & des mœurs ; & déſignoit trop ſenſi-
blement le Vieillard de Ferney, pour que celui-
ci ne dût juger que Sa Majeſté n'avoit pas déſa-
prouvé cette diatribe évangélique, & conſéquem-
ment étoit encore dans le préjugé défavorable,
dans la ſorte d'averſion même qu'on lui en avoit
inſpiré dès ſon enfance ; ce qui le déſoloit & lui
ôtoit tout eſpoir d'être jamais accueilli du Monarque. Quelquefois, dans ſon dépit, il formoit la
réſolution de s'arracher à ces lieux enchanteurs,
& de retourner dans ſa ſolitude, & toujours quelques nouveaux liens l'y retenoient.

Depuis la belle saison, tems où il auroit pu partir, il y étoit retenu plus que jamais, par la foule des objets qu'il y avoit à parcourir, par cette multitude d'amis, d'admirateurs, de protecteurs qu'il lui falloit visiter, par l'extension des idées & des projets que lui suggéroient les circonstances; ensorte que, durant les quatre mois qu'il est resté à Paris, il a pu dire avoir plus vécu que pendant dix ans à Ferney.

Cependant on ne douta plus qu'il ne nous échappât, quand on vit dans le monde sa pièce intitulée, *les adieux du Vieillard.*

Mais on sut bientôt que ce n'étoit qu'une fiction poëtique, pour avoir lieu de répandre des vers pleins de graces, de noblesse, de facilité, de sentiment; de faire sa cour aux Princes, dont il cherchoit à se ménager l'appui contre ses ennemis à Versailles, & de dire des injures aux Anglois, à qui l'on alloit faire la guerre. On y trouva seulement bien extraordinaire, qu'il comparât le Marquis de Villette à Tibulle, & l'érigeât en Sage.

Une fausse-couche que fit sa chére Belle & Bonne, lui servit de prétexte pour rester. On étoit d'autant plus fâché de cet accident qu'il devoit être parrain, & qu'on étoit dans l'attente de lui voir faire un Chrétien, après avoir fait tant de pervertis.

On sut depuis que le véritable motif qui le déterminoit à ne pas désémparer, étoit la crainte des cabales du Clergé, qui lui faisoit envisager, s'il s'en alloit une fois, qu'on pourroit bien s'opposer à son retour. Le moderne demi-Dieu se trouva donc forcé à recevoir encore des couron-

nes, & à se voir élever des autels, au point
qu'un jour, honteux lui-même de cet excès de
superstition, il s'écria : Je suis comme Spartacus,
je rougis de ma gloire.

Nous passons légèrement sur sa réception de
Franc-Maçon, à la loge des neuf-Sœurs, le 8
Avril, cérémonie puérile, à laquelle M. de
Voltaire a cru devoir se prêter, par reconnoif-
sance des hommages que lui avoit rendus à sa
convalescence cette loge composée en grande
partie de gens de lettres. Nous citerons seulement ces quatre vers du frere la Dixmerie, tirée d'une chanson chantée au banquet.

» Au seul nom de l'illustre frere,
» Tout Maçon triomphe aujourd'hui :
» S'il reçoit de nous la lumiere,
» Le monde la reçoit de lui.

Nous n'appuyerons pas davantage sur les honneurs qu'il a reçus au Spectacle de Madame de
Montresson, sur celui qu'il a eu de faire sa cour
à M. le Duc de Chartres, & à Madame la
Duchesse, qui le forcerent de s'asseoir devant eux, pour en jouir & l'écouter plus long-
temps.

Pour n'être pas trop longs, en nous répandant
en répétition des mêmes éloges, des mêmes fa-
deurs, nous ne nous arrêtons qu'aux anecdotes
plus piquantes, soit par leur nouveauté, soit par
les accessoires.

Par exemple, n'a-ce pas été un spectacle bien
plaisant, que de voir ce Vieillard ne pas dédai-

gner de se transporter chez les plus célèbres Laïs
du jour qui l'avoient visité ; c'est ainsi que le
Samedi-Saint, il se rendit chez Mlle. Arnoux, &
que les Spectateurs admirerent la légèreté de la
conversation du Philosophe & de la Courtisanne.

Quelques jours après, les Comédiens François, étant assemblés pour le répertoire de la semaine de l'ouverture, furent surpris agréablement
de voir arriver chez eux le vieux malade, qui les
a comblés de remercimens, pour les soins qu'ils
s'étoient donnés, afin d'accélérer la représentation
d'Itène, & la faire goûter du public. Il leur a
dit qu'étant sur le point de faire un voyage de
deux mois à Fernéy, il emportoit les manus-
crits de sa Tragédie d'Agathocle, & de la Comédie du Droit du Seigneur, pour y faire des
changemens nécessaires. Quant à la dernière, elle
a été jouée en 1762, sous le titre de l'*Écueil
du Sage*. Elle est médiocre : on dit qu'il veut
la réduire de cinq actes à trois.

On comptoit que M. de Voltaire se trouve-
roit peut-être à la rentrée de l'Académie des
belles-lettres ; mais cette compagnie, ou du moins
la cabale des dévots, & sur-tout des Jansénistes,
ne pouvoit avoir rien de bien attrayant pour lui.
D'ailleurs, elle venoit de lui donner une mor-
tification trop grande en s'agrégeant M. Larcher,
un des plus fougueux adversaires du Philosophe,
qui l'a désolé à force de diatribes scientifiques,
auxquelles il n'a pu répliquer que par des plai-
santeries ou des injures.

Mais c'est sur-tout à l'Académie Françoise qu'il
desiroit jouir du triomphe. Il attendoit avec im-
patience quelque séance publique, qu'on n'avoit

encore pu lui ménager, par la réfiftance des Prélats & autres membres qui s'y oppofoient, &
fur-tout par la crainte de la défaprobation de la
Cour. En attendant, il en fuivoit le plus qu'il
pouvoit les féances; il y préfidoit comme Directeur; &, le croira-t-on, voulant fe fignaler en
tout genre, lui qui, de fa vie, n'avoit ouvert
une grammaire, qui avoit déclaré cent fois ne
faire aucun cas de tous les traités fur la langue,
ne connoître d'autre Maître en ce genre, que
l'ufage & le beau monde; il entreprenoit la
réforme du dictionnaire de ce corps, à quatre-
vingt quatre ans!

Il s'étoit chargé de la lettre *A*. Rempli d'ar-
deur, il rentre chez lui; dans la crainte de fe
refroidir fur cet ouvrage fatiguant & ennuyeux,
il ne veut pas le quitter qu'il ne foit confom-
mé; il redouble les dofes de café qu'il prenoit dans ces cas-là. Il eft tourmenté de fa ftrangurie, à laquelle fe joint une infomnie opiniâtre.
Il étoit dans cette crife violente, lorfque le Maréchal Duc de Richelieu vint le voir. M. de
Voltaire félicite ce Vieillard, prefque de même
âge, fur fa brillante fanté; il lui demande comment il fait pour dormir. Le Maréchal lui parle
d'un calmant, dont il fait ufage en pareil cas
avec fuccès; il en envoie fur le champ au malade, qui, fans s'arrêter à la quantité prefcrite,
en prend le double, & le triple, & peut-être
davantage. Il tombe dans un affoupiffement qui
dure trente fix heures. Revenu à lui, les dou-
leurs de fa ftrangurie fe font fentir plus violem-
ment; quatre Médecins font mandés; tous leurs
fecours font inefficaces. Le mal de plaifante en-

coré ; il appelle le Maréchal de Richelieu, son
frere Caïn, & il meurt le 30 Mai.

Quatre jours avant, M. de Lally lui ayant
fait part de la caffation de l'Arrêt du Parlement
contre fon pere, en faveur duquel M. de Voltaire avoit écrit, il fembla fe ranimer pour faire
la réponfe fuivante : » Le Mourant reffufcite en
» apprenant cette grande nouvelle. Il embraffe
» bien tendrement M. de Lally ; il voit que
» le Roi eft le défenfeur de la Juftice : il mourra
» content.

Ce billet peut être regardé comme les derniers
foupirs de fon Auteur. Il retomba bientôt dans
l'accablement, dont il n'eft plus forti.

Quoiqu'on eût tenu fa maladie fecrette, &
fur-tout fon danger, le Curé de Saint Sulpice
l'étoit venu voir plufieurs fois, & n'en avoit jamais rien pu tirer. Enfin le Pafteur, peu de mi-
nutes avant fon dernier fouffle, s'eft approché du
moribond, & lui a fait des queftions fur la foi,
auxquelles M. de Voltaire n'a répondu que par
ces mots : *Monfieur le Curé, laiffez-moi mourir en paix.* Il a ranimé fes forces pour lui tourner le dos, & a expiré.

Quelque intéreffés que les Prêtres fuffent à
fuppofer la converfion de M. de Voltaire à fon
dernier moment, pour affurer le triomphe de la
Religion, ils n'ont pu employer cette rufe, &
ils ont été obligés de conftater fon incrédulité
finale, en lui refufant la fépulture de la maniere
la plus fcandaleufe. Sa famille n'a pu même obtenir de le faire inhumer au tombeau qu'il
s'étoit préparé depuis long-temps à Ferney, à
caufe de l'Evêque d'Annécy, dont on a étaint

le fanatifme. L'Abbé Mignot, neveu du Philofophe, a imaginé de faire enterrer fon oncle
à fon Abbaye de Scellieres en Champagne. Voici
comment s'eft paffée cette petite comédie.

Après avoir ouvert le cadavre, on l'a raffem-
blé, on l'a affublé d'une perruque & d'une
robe de chambre. L'Abbé Mignot s'eft rendu le
premier au Couvent, a prévenu fes Religieux
que fon oncle, quoique moribond, par une fan-
taifie de malade, avoir defiré venir chez lui;
qu'il n'avoit pu lui refufer cette confolation, &
qu'il alloit toujours lui préparer un appartement;
mais qu'il craignoit bien que ce ne fût en vain.
En effet, peu après eft arrivé le carroffe, & le
conducteur a déclaré que fon Maître étoit mort
en route, même depuis quelque tems, qu'il com-
mençoit à puer; & fur cette déclaration, confir-
mée, vraifemblablement par les Médecins &
Chirurgiens de la maifon gagnés, on a fans autre retard procédé à l'inhumation.

Depuis, eft furvenu, de la part de l'Evêque
de Troyes, dans le Diocèfe duquel eft l'Abbaye,
défenfe d'enterrer M. de Voltaire; mais la chofe
étoit faite; & l'on préfume, avec affez de raifon, que ce Prélat, moins zélé que les autres,
fe fera conduit ainfi pour ne fe brouiller avec
perfonne.

Du refte, le Gouvernement a fecondé parfai-
tement le Clergé, en défendant à tous les Jour-
naliftes de parler du défunt; & aux Comédiens de
jouer fes pièces, jufqu'à nouvel ordre. L'Académie
Françoife a follicité en vain la confolation de faire
faire un fervice pour le repos de l'ame de cet illuftre & cher Confrere.

C'est beaucoup que depuis elle ait obtenu de proposer son éloge pour un sujet de prix.

Voici une épitaphe que lui fit d'avance, il y a sept ou huit ans, le Docteur Ribailler, à l'occasion de la statue qu'on arrêta de lui ériger dans la société de M. Necker; on la renouvelle aujourd'hui, parce qu'elle étoit peu connue alors; elle contient quelques vérités, quoiqu'en général elle soit dure & outrée.

> *En tibi dignum lapide Voltarium*
> > *Qui*
> > *In poesi Magnus*
> > *In historia parvus,*
> > *In Philosophia minimus,*
> > *In Religione nullus;*
> > *Cujus*
> > *Ingenium acre,*
> > *Judicium preceps,*
> > *Improbitas summa;*
> > *Cui*
> > *Arrisère muliercula*
> > *Plosère scioli,*
> > *Fovère Prophani;*
> > *Quem*
> > *Irrisorem hominum deûmque,*
> > *Senatus, populusque athæo-physicus*
> > *Ære collecto*
> > *Statuâ donavit.*

En voici une autre en François, plus courte, plus vive & non moins méchante, qu'on attribue à Jean-Jacques Rousseau.

Plus bel esprit que grand génie,
Sans toi, sans mœurs & sans vertu,
Il est mort comme il a vécu,
Couvert de gloire & d'infamie.

On trouvera plus de vérité, & sur-tout plus de poésie dans celle-ci, qui est de M. le Brun.

O Parnasse! frémis de douleur, & d'effroi!
Pleurez, Muses, brisez vos lyres immortelles.
Toi, dont il fatigua les cent voix & les aîles,
Dès que Voltaire est mort, pleure & repose-toi.

VERS

De M. de Voltaire, à M. le Comte de Saxe, en lui envoyant les Œuvres de M. le Marquis de R... après la mort de ce dernier, qui avoit été fort lié avec le Maréchal. Le Marquis de R... est supposé parler lui-même.

JE goûtais dans ma nuit profonde,
Les froides douceurs du repos,

Et m'occupois peu des Héros
Qui troublent le repos du monde.
Mais, dans nos champs Élyfiens,
Je vois une troupe en colere
De Bretons & d'Autrichiens,
Qui vous maudit & vous révere :
Je vois des François éventés,
Qui femblent encore entêtés
De leur plaifir & de leur gloire ;
Car ils font morts à vos côtés
Entre les bras de la victoire.
Enfin, dans ces lieux tout m'apprend
Que celui que je vis à table
Gai, doux, facile & complaifant,
Et des humains le plus aimable,
Devient aujourd'hui le plus grand.
J'allois vous faire un compliment ;
Mais parmi les chofes étranges,
Qu'on dit à la Cour de Pluton,
On prétend que ce fier Saxon
S'enfuit au feul bruit des louanges,
Comme l'Anglois fuit à fon nom.
Lifez feulement mes folies,
Mes vers qui n'ont loué jamais
Que les trop dangereux attraits
Du Dieu du vin & des Silvies ;
Ces Sujets ont toujours tenté,

Les Héros de l'antiquité,
Comme ceux du siecle où nous sommes,
Pour qui sera la volupté,
S'il en faut priver les grands hommes?

***

EXTRAIT d'une Lettre à feu M. l'Abbé de Voisenon.

Il est bien vrai que l'on m'annonce
Les lettres de Maître Clément.
Il a beau m'écrire souvent;
Il n'obtiendra pas de réponse;
Je ne serai pas assez sot,
Pour m'embarquer dans ces querelles;
Si c'eût été Clément Marot,
Il auroit eu de mes nouvelles.

***

VERS

A M. le Comte de Treffan.

Tandis qu'aux fanges du Parnasse,
D'une main criminelle & basse,
Rufus va cherchant des poisons,
Ta main délicate & légére,

Cueille

Cueille aux campagnes de Cythère,
Des fleurs dignes de tes chansons.

Les graces accordent ta lyre ;
Le plaisir mollement t'infpire,
Et tu l'infpire tour-à-tour.
Que ta mufe, tendre & badine,
Se fent bien de fon origine !
Elle eft la fille de l'Amour.

Loin ce rimeur atrabilaire,
Ce cynique, ce plagiaire ;
Qui, dans fes efforts odieux,
Fait fervir à la calomnie,
A la rage, à l'ignominie,
Le langage facré des Dieux !

Sans doute les premiers Poëtes,
Infpirés, ainfi que vous l'êtes,
Etoient des Dieux ou des Amans :
Tout a changé, tout dégénère,
Et dans l'art d'écrire & de plaire.
Mais vous êtes des premiers temps.

D

VERS

A Madame Necker. (a)

J'étois nonchalamment tapi
Dans le creux de cette statue,
Contre laquelle a tant glapi
Des méchans l'énorme cohue;
Je voulois d'un écrit galant
Cajoler la belle Héroïne,
Qui me fit un si beau présent,
Du haut de la double colline.
Mais on m'apprend que votre époux,
Qui, sur la croupe du Parnasse,
S'étoit mis à côté de vous,
A changé tout-à-coup de place;
Il va de la Cour de Phébus,
Petite Cour assez brillante,
A la grosse Cour de Plutus,
Plus solide & plus imposante.
Je l'aimai, lorsque dans Paris,

(a) Madame Necker, femme de beaucoup d'esprit, qui aime les lettres, admet chez elle des gens de mérite, & des Savans; c'est chez elle que s'est faite la souscription pour la statue de M. de Voltaire.

De Colbert il prit la défense,
Et qu'au Louvre il obtint le prix (b)
Que le goût donne à l'éloquence.
A Monsieur Turgot j'applaudis,
Quoiqu'il parût d'un autre avis
Sur le commerce & la finance; (c)
Il faut qu'entre les beaux esprits,
Il soit un peu de différence;
Qu'à son gré chaque mortel pense,
Qu'on soit honnêtement en France,
Libre & sans fard dans ses écrits,
On peut tout dire, on peut tout croire;
Plus d'un chemin mène à la gloire,
Et conduit même en Paradis.

VERS

A M. le Kain.

ACTEUR sublime & soutien de la scène,
Quoi! vous quittez votre brillante Cour,

(b) L'*Eloge de Colbert*, par M. Necker, a été couronné il y a cinq ans, par l'Académie Françoise.

(c) Il s'agit ici d'un Livre de M. Necker, sur la liberté du commerce des grains, qui étoit en contradiction avec les principes de M. Turgot.

D ij

Votre Paris, embelli par sa Reine,
De nos beaux arts la jeune Souveraine,
Vous fait partir pour mon triste séjour !
On m'a conté que souvent elle-même,
Se dérobant à sa grandeur suprême,
Seche en secret les pleurs des malheureux.
Son moindre charme est, dit-on, d'être belle.
Ah ! laissons-là les Héros fabuleux,
Il faut du vrai : ne parlons plus que d'elle.

---

[a] ÉPITRE

Aux Calomniateurs de la Philosophie.

Vous, dont la rage plaît aux sots qu'elle édifie,
Impuissans ennemis de la Philosophie,
Le Public à la fin est las de tous vos cris ;
Assez il a souffert que, dans vos plats écrits,
Votre audace, mêlant le mensonge aux outrages,
En style ridicule insultât à des Sages,
Le bon sens, à vous croire, est un crime d'État.
On ne peut raisonner, sans être un scélérat.

(a) Quelques personnes doutent que cette Épitre soit de M. de Voltaire : ce qu'il y a de certain, c'est qu'elle n'est pas indigne de lui.

Mœurs, loix, tout est perdu ; c'en est fait de la
      France,
S'il faut qu'impunément un Philosophe pense.
A peine souffrez-vous qu'un téléscope en main,
Aux comètes LA LANDE (b) enseigne le chemin ;
Et qu'à travers son voile épiant la nature,
BUFFON de l'Univers révéle la structure,
Enfin, si vous osiez, on vous verroit au feu
Jeter publiquement & Locke & Montesquieu,
Et, brûlant à la fois de zéle & de colére,
Etrangler d'Alembert, & tenailler Voltaire.

Je sais tous leurs forfaits. Ils ont l'impiété,
D'oser, pour braver Dieu, l'accuser de bonté ;
Et, croyant lâchement qu'à l'erreur il pardonne,
Ils estiment des gens damnés par la Sorbonne.
Ô ! scélérat TITUS, ô ! coquin de TRAJAN, (c)
Vous, morts sans Sacremens, vous, vrais fils de
      Satan ;
Ils doutent qu'aux Enfers sa main velue & croche,
Ait, pour l'éternité, mis votre ame à la broche.
Ce n'est pas tout encor. Pour comble de noirceur,
Ils conseillent la paix, ils prêchent la douceur ;

_____

(a) Membre de l'Académie des Sciences, Astronome
le plus à la mode aujourd'hui par ses assertions hardies.
  (b) Assertion du Livre de Bélisaire.

Ils voudroient, les méchans ! que de son sang
      avare,
L'homme devint enfin moins sot & moins barbare ;
Et, fût-il Archevêque & Duc & Sénateur,
Ils déclarent la guerre à tout persécuteur.
Vous qui, pour plaire à Dieu, versez le sang
      profane,
Bourreaux du Saint Office, assassins en soutane,
Ils veulent affranchir l'Espagne de vos fers ;
Ils prétendent un jour, détrompant l'Univers,
A votre main sanglante arracher vos victimes ;
Vos sacrifices saints à leurs yeux sont des crimes ;
Votre zéle céleste, ils l'appellent fureur,
Et vous, & vos bûchers, ils vous ont en horreur !

  Encor si leur seul crime étoit la tolérance,
Ils pourroient de leur grace avoir quelque es-
(o)   pérance.
Mais contre eux sans relâche en vain vous aboyez,
En vain dévotement, vous les calomniez ;
Leur oreille stoïque est sourde à vos injures ;
Sur les quais, sans les lire, ils laissent vos bro-
     chures ;
Et, tout plains d'un mépris qu'ils ne peuvent céler,
A peine daignent-ils seulement vous siffler ;
Contre-eux, après cela, seriez-vous sans rancune ?
De leur gloire d'ailleurs l'éclat vous importune.
Vous êtes indignés que, traversant les mers,

Leur nom, partout fameux, remplisse l'Univers.
L'Europe entiere, hélas! lit l'Encyclopédie,
Dans les deux continens, *Zaïre* est applaudie;
Et vos tristes écrits, de vous seuls admirés,
Dans un coin chez CHAUBERT (*d*) pourissent
   ignorés.

L'Envie est un secret qu'on avoue avec peine,
Aussi d'autres motifs parez-vous votre haine,
Contr'eux, à vous ouïr, vous n'avez tant de fiel,
Vous ne les déchirez que pour venger le Ciel.
Lâches persécuteurs! quand les enfans d'Ignace,
De Châtel aux forfaits encourageoient l'audace,
Par son bras trop docile osoient frapper leur Roi;
Quand d'assassins gagés, pleins de rage & de foi,
Dans le sein des François, CHARLES, (*e*) gui-
   dant les armes,
Fit couler sous leurs coups tant de sang & de larmes;
Quand d'OPPÈDE, (*f*) excité par un Prêtre in-
   humain,

(*d*) Imprimeur des ouvrages d'Abraham Chaumeix,
contre l'Encyclopédie.

(*e*) Charles IX.

(*f*) Jean Meynier, Baron d'Oppède, premier Président au Parlement d'Aix; fit exécuter en 1545, par un
zéle qui parut excessif, l'Arrêt rendu contre les Vau-
       D iv

Embrasoit Mérindol, un missel à la main.
Quand, Martyrs insensés de leurs graves chimeres,
Las de déraisonner, Ariens, Trinitaires,
Soldats, Catéchisans, Prédicateurs armés,
Par la sottise en mître au carnage animés,
Sur les corps palpitans des enfans & des femmes,
Au milieu des débris de leurs temples en flammes,
L'un sur l'autre acharnés, tour-à-tour s'égorgeoient;
Ils pensoient tous venger le Ciel qu'ils outra-
geoient.

_____

dois le 18 Novembre 1540, qui condamnoit 19 de ces
Hérétiques à être brûlés ; & ordonnoit que toutes leurs
maisons de Mérindol seroient entiérement démolies,
aussi bien que tous les châteaux & tous les forts qu'ils
occupoient. Mais après cette exécution, la Dame de
Cantal, dont les villages & les châteaux avoient été
brûlés & désolés, en demanda justice au Roi. Henri II
ordonna que cette affaire seroit jugée par le Parlement
de Paris. Il n'y eut jamais de cause plus solemnelle-
ment plaidée ; elle tint 50 audiences consécutives; &
Louis Auberi, Lieutenant-civil, qui fit en cette cause
la fonction d'Avocat-général, ayant parlé pendant sept
audiences, & conclu peu favorablement au Président
d'Oppède ; celui-ci se défendit avec tant de force par
son excellent plaidoyer, qui commence par ces mots :
*Judica me Deus, & discerne causam meam de gente non
Sancta*, qu'il fut renvoyé absous ; mais Guérin, Avocat-
général, qui avoit donné trop de licence aux Soldats,
eut la tête tranchée en place de Grève. Le Président
d'Oppède mourut quelques années après en 1558. Cette
note est tirée du dictionnaire de l'Abbé Ladvocat, Docteur & Bibliothécaire de Sorbonne.

Mais sans chercher si Dieu, doutant de sa
       puissance,
Se repose sur vous du soin de sa défense ;
Si des Cuistres crasseux qui l'osent protéger,
Sont, par brevet du Ciel, commis pour le venger,
Pourquoi, calomniant ses plus parfaits ouvrages,
Parmi ses ennemis, rangez-vous tous les sages ?
Les Prêtres, de tous temps, se sont moqués de nous ;
L'un, en digérant Dieu, qu'il fait pour quelques
       sous,
Un pseautier à la main, quand le beau temps
       l'ennuie,
Vous promene son Saint pour avoir de la pluie.
L'autre, de vos péchés, vous promet le pardon,
Si vous allez, tel jour, bailler à son sermon.
Ici, l'on ensorcelle, & là, l'on exorcise.
Le Sage, j'en conviens, rit de tant de sottise.
Mais, pour n'être pas dupe, est-on sans piété ?
Le Ciel n'est-il chéri que du Moine hébêté,
Qui pense qu'aux *Chartrains*, (g) pour orner leur
       Eglise,
Marie a de Judée envoyé sa chemise ?
Comme Athée obstiné faut-il jeter au feu,
Quiconque ne croit pas que, député par Dieu,

(f) On montre dans la Ville de Chartres une chemise
de la Vierge.

Un pigeon diftinguant Saint Remi dans la foule,
Lui vint jadis à Rheims porter la Sainte Am-
     poule ?

Lorfque, dans fes écrits, un intrépide Auteur,
Armé de la raifon, fait la guerre à l'erreur,
On ignore pourquoi la Sorbonne irritée,
Soudain en plat latin vous le déclare Athée.
C'eft que ce nom fatal peut le rendre odieux.
Elle croit qu'à ce mot des Juges furieux,
Aveugles inftrumens de fa jaloufe rage,
Vont par dévotion vous décrier un Sage.
Précepteurs des humains, voilà quels font les
     coups,
Que toujours des cagots vous porta le courroux !
Leur foi, leur piété, le zéle qu'ils étalent,
C'eft par la barbarie, hélas ! qu'ils les fignalent,
Et pourfuivant nos jours, au nom de l'Eternel,
A leurs lâches fureurs ils font fervir le Ciel !
De Platon dans les fers, ainfi périt le Maître,
Ses vertus contre lui déchaînerent un Prêtre,
Un frippon d'*Anitus*, RIBALLIER (*) de fon temps,
Qui pour Cérès alors perféutoit les gens.
Ce fut en le traitant d'impie & d'hérétique,

(*) Docteur de Sorbonne, le grand antagonifte de M.
Marmontel, qui a dénoncé & fait profcrire fon Bélifare,

Que d'ignorance en froc un Sénat fanatique,
Fit traîner Galilée au fond d'un cachot noir,
Quel étoit donc son crime ? Il avoit osé voir,
Qu'à la loi qui l'entraîne en tous les temps docile,
La terre tourne autour du Soleil immobile,
Que JEAN GEORGE (h) voudroit, dans les murs
    de Paris,
Aussi par des bourreaux enchaîner les esprits !
Que le meurtre & le sang charment sa barbarie !
Qu'il béniroit le Ciel si, servant sa furie,
Thémis, par un arrêt aux sciences fatal,
Se vouoit à l'opprobre en proscrivant RAYNAL; (i)
Mais le Savoir encor craindroit-il la Justice ?
D'ALIGRE (k) seroit-il Juge du Saint Office !
Raison ! toujours nous luit ; nos yeux sont dessillés;
Un Sage est près du trône : hypocrites, tremblez.

» Eh bien, me dites-vous, en dépit de ce Sage,
» Les Bourbons méconnus perdront leur héritage,

(h) Lefranc de Pompignan, ancien Evêque du Puy,
à présent Archevêque de Vienne. On l'accuse d'avoir
fait publier au prône, dans le temps du Jubilé, que
tout Philosophe étoit ennemi des Rois.

(i) L'Abbé Raynal, Auteur de l'*Histoire philosophique
de l'établissement des Européens dans les deux Indes.*

(k) Premier Président du Parlement de Paris.

» Leurs jours font menacés, leur pouvoir eft
          détruit,
» S'il faut qu'en France encore on fouffre uh
          homme inftruit.
» Ces monftres dont l'efprit à l'étude s'applique,
» Qui prétendent favoir ce qu'ils nomment
          logique,
» Moins ennemis encor de Dieu que des mortels,
» Ne bornent pas leur rage à brifer les autels.
» Leurs cris féditieux, foulevant nos provinces,
» Appellent les poignards dans le fein de nos
          Princes.
« Louis, en vain chez lui, de gardes efcorté,
» Sur fon trône contr'eux n'eft pas en fûreté.
Je vois bien votre erreur. Vous prenez pour dés
          Sages,
Ces dévôts Ecrivains (l) dont les pieux ouvrages,
Apprennent dans quels cas, pour le bien de la foi,
On doit en confcience affaffiner fon Roi.
Vous imputez la ligue à la Philofophie.
Vous croyez qu'à penfer paffoient toute leur vie,
Ces Docteurs qui, vendant & la France & leurs
          voix,

_____

(l) Ceci a rapport au livre des affertions extraites
des Cafuiftes, des Jéfuites.

Armoient ; par un décret ; Paris contre Valois,
Allez, fous quelques traits que vous ofiez les
   peindre ,
Des Apôtres du vrai , Bourbon n'a rien à craindre.
Eclairer les Sujets n'eft pas trahir les Rois.
Les Rois ont des devoirs, les nations des droits ;
Sans attenter au trône , on peut les en inftruire.
A leur Prince, bon Dieu! les Philofophes nuire ?
Forment-ils fous les loix d'un autre Potentat,
Etranger en tous lieux, un Etat dans l'Etat (*m*) ?
L'indépendance eft-elle un de leurs priviléges (*n*) ?
Placent-ils leur Monarque au rang des facrileges,
Alors que , les taxant par un Edit nouveau,
Il leur fait des impôts partager le fardeau ?
Ingrats envers l'Etat, à leur Maître inutiles,
Ne veulent-ils l'aider que par des vœux ftériles ?
Ofent ils l'affervir au joug d'un étranger ?
Ont-ils prêché partout que l'on doit l'égorger,
Quand , pour entendre & voir , ne confultant per-
   fonne ,
Sans eux il doute ou croit, & fans eux il
   raifonne ?

(*m*) Ceci a rapport encore au régime des Jéfuites,
ne reconnoiffant pour Chef que leur Général , à Rome.

(*n*) Toute cette tirade regarde les prétendues immu-
nités du Clergé ; de n'être point impofé, de ne donner
qu'un don gratuit, &c.

Quoi ! de lui leur efprit les feroit redouter !
Quand Riballier fait tout , ils ne pourraient
    douter,
Sans outrager des Rois la majefté fuprême !
Quoi , la raifon feroit funefte au diadême !
L'intérêt d'un Monarque eft-il d'être ignorant ?
Eft-il d'autant plus riche , eft-il d'autant plus
    grand
Qu'aux préjugés livré fon peuple eft plus ftupide.

  Je fais que maint Docteur favamment vous
    décide ,
Qu'au peuple un Roi fenfé doit bien boucher les
    yeux ;
Que c'eft en l'aveuglant qu'il le conduira mieux ,
Que la fottife rend les fujets plus dociles,
Et qu'on n'eft abfolu que fur des imbéciles.
,, Un peuple, difent-ils , eft-il bien hébété ?
,, Jouet d'un fourbe en froc , d'un Derviche
    effronté ,
,, De leurs pieds, en tremblant , il court baifer
    la poudre ;
,, Du Ciel entre leurs mains il penfe voir la
    foudre ;
,, Et par l'abfurdité croyant honorer Dieu ,
,, N'ofe de fa raifon ufer fans leur aveu.
,, Là , pourvu que le Prince achete leur fuffrage ,
,, Iniquité, parjure, & meurtre & brigandage ,

„ Il peut permettre tout à son ambition ;
„ Tout tyran qu'il sera, sa sotte nation,
„ Même en le détestant, lui restera fidele,
„ Maître d'eux par son or, par eux seuls il l'est
                  d'elle".
Bon ! Mais de ces Caffards, esclave & non pas
                  Roi,
Leur orgueil humblement peut lui faire la loi.
Il faut que d'un Iman sur son trône il dépende.
Il ne régnera pas qu'un Muphti ne lui vende
Du Ciel, qu'il fait mentir, & la voix & l'appui ;
Et si de ses bienfaits ils s'arment contre lui,
Si châtiant enfin sa sottise dévote,
Ils veulent asservir son sceptre à leur marotte,
Par leurs absurdités s'ils divisent l'Etat,
Par quel bras fera-t-il punir leur attentat ?
Qui seront ses vengeurs ? Est-ce un peuple stupide,
Dont leur ordre est la loi, leur volonté le guide,
Qui confondant ensemble un Bonze & l'Eternel,
S'il osoit les toucher, se croiroit criminel ?
Aussi de leurs complots, spectateur immobile,
Il faut encor qu'il cache une rage inutile.
Par eux impunément il se laisse outrager ;
Ou si, las de leur joug, il ose se venger,
Aussi-tôt sur sa tête ils lancent l'anathême,
Ils courent à l'encan mettre son diadême.
Le voilà par leur voix proscrit au nom de Dieu ;

Son peuple est révolté ; son Royaume est en feu ;
Ses gardes, ses soldats, la Cour qui l'environne,
Femme, enfans, serviteurs, amis, tout l'a-
　　　　bandonne ;
Et quand, par l'intérêt à sa perte animés,
Pour ravir ses débris, vingt rivaux sont armés ;
Tandis que l'on s'égorge, errant de ville en
　　　　ville ,
Sans appui, sans espoir, sans Etats, sans asyle,
Poursuivi par l'effroi, sa rage & ses bourreaux,
Il languit dans l'opprobre, & meurt sous leurs
　　　　couteaux.

Sans doute un peuple instruit pourroit aussi
　　　　peut-être,
Du trône renversé précipiter son maître ;
Mais à cet attentat il faut qu'il soit forcé ;
Qu'en voulant tout oser, son Monarque insensé
L'ait, dans son désespoir, réduit à tout enfreindre,
Qu'il soit bien gouverné, ses Rois n'ont rien à
　　　　craindre,
Il n'en est pas ainsi chez un peuple ignorant ;
En vain par cent chemins à la gloire courant,
Craint de ses ennemis, chéri de ses provinces ;
Un Souba vers le Gange est l'exemple des Princes,
Que, haï des Faquirs, ils l'osent décrier ;
Qu'un fourbe ambitieux, Brame de son métier ;

　　　　　　　　　　Le

Le Védam à la main, crie : „ Ecoutez, mes
     Freres ;
„ Ici bas, de Vifnou, nous fommes les Vicaires,
„ Qui l'repréfente Dieu, doit commander aux
     Rois,
„ Toutefois, l'infolent qui vous donne des loix,
„ Sourd aux ordres du Ciel qu'il ofe méconnoître,
„ Loin de nous obéir, nous veut parler en
     maître.
„ O Crime ! O facrilege ! il dit ; le fcélérat !
„ Qu'un Brame de fon or doit fécourir l'Etat !
„ Mes Freres, Vifnou veut qu'on puniffe l'impie ;
„ Vous favez fes forfaits ; que fa mort les expie.
„ Un Monarque eft facré ; mais moins que les
     Autels !
„ Il vaut mieux obéir à Vifnou qu'aux mortels "
A ces mots prononcés d'une voix fanatique,
Soudain vous allez voir un peuple frénétique,
Au meurtre encouragé par des grands factieux,
Lever contre fon Prince un bras féditieux,
Et, de l'ambition inftrument & victime
Briguer l'apothéofe en commettant le crime. O
Moins un peuple eft Inftruit, plus on peut l'égarer ;
Les yeux ceints d'un bandeau qu'il craint de
     déchirer.
Pour lui tout Prêtre eft Dieu, tout fourbe eft un
     Prophête.

        E

Contre le meilleur maître, un Moine, une comete,
Un miracle, une éclipse, un sermon va l'armer ;
C'est un volcan toujours tout prêt à s'enflammer.
Rois, vous l'osez braver : mais le feu qu'il récéle,
Pour vous donner la mort n'attend qu'une étincelle.

Ainsi, lorsqu'au mensonge opposant ses écrits,
Le Sage ose attaquer les tyrans des esprits,
Lorsqu'éclairant le peuple, à leur rage il s'expose,
Il rompt l'indigne joug que leur bras vous impose.
D'un Sous-Diacre sur vous il détruit le pouvoir ;
Au sceptre qu'il bravoit il soumet l'encensoir ;
Il arrache, en un mot, des mains de la Sottise,
Ce fer qu'en priant Dieu, contre nous elle aiguise,
Ainsi, loin de vous nuire, il vous venge, il
vous sert ;
La raison vous défend ; c'est l'erreur qui vous
perd.

Toi qui, dans le Velay (o), fis publier au
prône,
Que tout vrai Philosophe est ennemi du Trône,
Apprends-nous, leurs forfaits, dis-nous leurs
attentats :

(o) Province dont le Puy est la Capitale, Evêché de
M. Lefranc de Pompignan.

Dé quel Roi léur avis troubla-t-il les Etats ?
Quel bras contre leur maître ont armé leurs
      querelles ?
Quel Souverain tomba fous leurs mains criminelles?
Viens, parle. Qui d'entr'eux, apprentif affaffin,
De Valois, dans Saint Cloud, courut percer le fein?
Dans quel livre Montaigne, enfeignant l'homicide,
Jadis exhorta-t il Châtel au paricide ?
Impudent ! qui de Bayle ou bien de Dumarfais (p),
A préfcrit de trahir tout Monarque Français,
Qui, ne fachant fervir ni Rome, ni la Meffe,
Au fortir du falut, n'iroit pas à confeffe ?

Grand Dieu! les Rois aux fers, leurs enfans
      maffacrés,
Leurs palais fous les morts, & la cendre enterrés,
Cent fois du fanatifme ont attefté la rage,
De cent trônes détruits la chûte eft fon ouvrage;
Du fceptre, qui le craint il foule aux pieds les
      droits;
Il brave tout pouvoir, & c'eft lui toutefois.
Lui ! l'effroi des Etats que fa main met en cendre,
Lui ! le bourreau des Rois, qui feint de les défendre,
Qui, cachant le poignard qui va les égorger,

_____

(p) Philofophe François, accufé d'Athéifme, excellent Grammairien.

Encor teint de leur sang, parle de les venger !
Et sur qui ? juste Ciel ! sur leurs bienfaiteurs mêmes
Courageux défenseur des droits du diadème,
Voltaire, quoi, c'est toi dont il fait un Clément !
Quoi, sages, c'est sur vous que sa haine prétend
Faire tomber, le sang des Rois qu'il assassine !
C'est vous qu'il représente armés pour leur ruine !
Qu'il dépeint acharnés sur tous les Potentats !
Vous ! qui les protégez contre ses attentats !
Vous ! sans qui, vil jouet de gredins en étole,
Les Souverains encor, cités au Capitole,
Martyrs de leur sottise, un chapelet en main,
Attendroient, pour régner, l'ordre d'un Jacobin,
Sans qui, bientôt, hélas ! & barbare & déserte,
L'Europe de bûchers & de ronces couverte,
Verroit ses habitans dévots & malheureux,
Pour des sophismes vains, se déchirant entr'eux,
Ministres hébêtés des fureurs de leurs Prêtres,
En invoquant le Ciel, assassinet leurs Maîtres,
Tandis qu'au Vatican insultant la raison,
Tantôt armé du fer, & tantôt du poison,
Bénissant, massacrant, pillant au nom de Pierre,
Maître, idolé, scandale & fléau de la terre,
Du lit de ses Gitons, un infâme Romain,
Détrôneroit les Rois avec un parchemin !

Philosophie, hélas ! à l'imposture en bute,

Malheur à tout Etat où l'on te perfécute !
Malheur au peuple aveugle, aux imbécilles Rois
Qui brûlent tes écrits & redoutent ta voix !
Le nôtre la confulte. Auprès du trône admife,
Fais profpérer la France à tes ordres foumife.
Par l'ignorance encor le commerce opprimé
Craignoit d'offrir fes bleds à Paris affamé ;
Des Jurés enchaînoient l'induftrie affligée,
Et dans les atteliets fa main découragée,
N'ofoit, fans un brévet, follicité en vain,
Ni faifir un compas, ni s'armer d'un burin ;
Ta fageffe a brifé ces funeftes entraves,
Le commerce & les arts ne feront plus efclaves : (q)
Achéve : au préjugé porte les derniers coups ;
En écrafant l'erreur, mérité fon courroux.
Vois quelle abfurdité régne encor dans la France ;
Il faut que d'HEMERY (r) trompant la vigilance,
Un tremblant Colporteur, Contrebandier d'écrits,
En fraude faffe entrer la raifon dans Paris,
Aux enfans de Calvin que la loi déshérite,

(q) Ceci a rapport à la liberté du commerce des bleds, & à la fuppreffion des Jurandes & Maîtrifes, par M. Turgot.

(r) Fameux Exempt de Police, chargé de la Librairie qui a obtenu la Croix de Saint Louis, après avoir exercé long-temps fon infâme métier.

C iij

Des honneurs & du Ciel l'entrée est interdite. (s)
Un noble fainéant, fier du nom d'Ecuyer,
Croit devoir à l'Etat bien moins qu'un Roturier. (t)
Soixante Publicains, engraissés de rapine,
De la France aux abois afferment la ruine;
Et d'un autre Sully renversant les projets,
Pensent servir leur Maître en vexant ses sujets.
Aux fers de ces brigands arrache ma patrie, (u)
Que de nos murs enfin chassant la barbarie,
La raison y soit tout, & la coutume rien;
Qu'à ta voix Riballier devienne homme de bien;
Penple, Grands, que tout pense, & même la
   Sorbonne;
Qu'un Chanoine (x) au Jura ne vole plus personne;
Qu'il soit mis à la taille, & qu'on ne dise plus,
Que sous ton règne encore il reste des abus.

(s) Il s'agit ici des Edits absurdes & barbares contre les Protestans.

(t) Ceci a trait aux réclamations du Clergé, & de la Noblesse, contre l'Edit des corvées.

(u) M. Turgot alloit supprimer les 60 Fermiers généraux, au moment où il a été disgracié.

(x) Il faut se ressouvenir ici du procès des Chanoines de Saint-Claude, près le Mont-Jura, prétendant que leurs habitans sont Serfs, sur des titres faux, fabriqués durant les siecles de barbarie.

VERS

*A M. de Voltaire, qui avoit envoyé à
l'Auteur une montre d'or à répétition,
& à quantième, ornée de son Portrait,
de sa manufacture de Ferney.*

Paris le 16 Août 1777.

Je la reçois cette machine,
Où dans trois orbes différens
Une triple aiguille chemine,
Et dans sa course détermine
Les jours, les heures, les instans,
Qui s'échappent à la sourdine.

Jadis, chez nos premiers parens,
Cette œuvre eût passé pour divine;
Le luxe a créé les talens;
Et le plus beau des instrumens
Qui soit de Paris à la Chine,
Me coûte moins de six cens francs.

Mais, hélas! lorsque j'examine
Le numéro de ces cadrans,
J'en reçois la leçon chagrine

E iv

De la perte de mon printemps,
Et je prévois les foins cuifans
Que la vieilleffe nous deftine.
Vains jouets des amufemens,
Quand le néant nous avoifine !
Les jeux, les plaifirs féduifans,
D'une main légère & badine,
Viennent nous bercer en tous fens,
Et nous tiennent fous leur Courtine,
Endormis fur l'aîle du temps.
Tandis que la faulx affaffine,
Cueille la fleur de nos beaux ans,
Et ne nous laiffe que l'épine.

Mais dans l'ovale du revers,
Qu'avec plaifir je vois un Sage,
Après trois fois vingt fept hivers,
Reprenant fon premier courage,
Cueillir des lauriers toujours verds,
Et dont on verra d'âge en âge,
Le nom, la profe & les beaux vers,
Par une gloire fans nuage,
Durer autant que l'univers.

Ah ! que l'afpect de cette image,
A qui tous les cœurs font ouverts,
M'apprend, en fublime langage,

Le prix du temps & son usage,
Notre folie & nos travers !

 Tandis que ce rayon agile,
Autour de son axe emporté,
Présente une image mobile,
De l'immobile éternité :
Loin du tourbillon enchanté,
Que nous offre un monde frivole,
Le grand homme vit écarté,
Par ses écrits il nous console,
Des malheurs de l'humanité.
Jadis, quittant le Capitole,
Marc-Aurele l'eût visité :
Apôtre de la vérité :
Chaque minute qui s'envole,
L'éléve à l'immortalité.

Par M. le Marquis de Villette.

RÉPONSE

De M. de Voltaire.

Ferney, le 27 Août 1777.

Mon Dieu que vos rimes en thé,
M'ont fait passer de deux momens !

Je reconnois les agrémens
Et la légéreté badine ,
De tous ces contes amufans,
Qui faifoient les doux paffe-temps ,
De ma piéce & de ma voifine.

Je fuis forcier, car je devine
Ce que feront les jeunes gens.
Je m'apperçus bien dès ce temps ,
Que votre Mufe libertine ,
Seroit philofophe à trente ans.
Alcibiade en fon printemps ,
Etoit Socrate à la fourdine.

Plus je relis & j'examine ,
Vos vers fenfés & très-plaifans ,
Plus j'y vois un' fonds de doctrine
Tout propre à Meffieurs les Savans
Non pas à Meffieurs les pédans ,
De qui la fcience chagrine
Eft l'éteignoir des fentimens.
Adieu : réuniffez long-tems ,
La gaieté, la grace fi fine
De vos folâtres enjouemens ,
Avec ces grands traits de bons fens ,
Dont la clarté nous illumine :
Je ne crains point qu'une coquine
Vous faffe oublier les abfens.

C'est pourquoi je me détermine
A vous ennuyer de mes ens
Entrelacés de mes ine. ()

STANCES

*Sur l'alliance renouvellée entre la France
& les Cantons Helvétiques : jurée dans
l'Eglise de Soleure, le 25 Août 1777.*

Q UELLE est dans ces lieux saints cette solemnité
 Des fiers enfans de la victoire ?
Ils marchent aux autels de la fidélité,
 De la valeur & de la Gloire.

 Tels on vit ces héros, qui, dans les champs
   d'Ivri,
Contre la Ligue, Rome & l'enfer & sa rage,
 Vangeoient la gloire de Henri,
 Et l'égaloient dans son courage.

 C'est un Dieu bienfaisant, c'est un Ange de paix,
Qui vient renouveller cette auguste alliance :
Je vois des jours nouveaux marqués par des
   bienfaits,
Par de plus douces mœurs & la même vaillance.

On joint le Caducée au bouclier de Mars
Sous les auspices de Vergenne.
O Monts Helvétiens ! vous êtes les remparts
Des beaux lieux qu'arrose la Seine.

Les meilleurs Citoyens font les meilleurs
　　guerriers ;
Ainsi Philadelphie étonne l'Angleterre,
　Elle unit l'olive aux lauriers ;
Et défend son pays en condamnant la guerre.

Si le Ciel la permet, c'est pour la liberté.
Dieu forma l'homme libre alors qu'il le fit naître
L'homme émané des Cieux pour l'immortalité,
　　N'eut que Dieu pour pere & pour maître.

On est libre, en effet, fous d'équitables loix ;
Et la félicité (s'il en est dans ce monde)
Est d'être en fûreté dans une paix profonde,
Avec de tels amis & le meilleur des Rois.

VERS

A M. le Marquis de Villette, sur son mariage avec Mlle. de Varicour, au Château de Ferney.

Fleuve heureux du Léthé, j'allois passer ton
  onde,
  Dont j'ai vu si souvent les bords ;
Lassé de ma souffrance, & du jour & du monde,
Je descendois en paix dans l'empire des morts,
  Lorsque Tibulle & Délie,
  Avec l'Hymen & l'Amour
  Ont embelli mon séjour,
  Et m'ont fait aimer la vie.
Les glaces de mon cœur ont ressenti leurs feux ;
La Parque a renoué ma trame désunie ;
  Leur bonheur me rend heureux.

  Enfin, vous renoncez, mon aimable Tibulle,
A ce fracas de Rome, au luxe, aux vanités,
A tous ces vains plaisirs célébrés par Catulle ;
  Et vous osez dans ma cellule
  Goûter de pures voluptés !
  Des petits-maîtres emportés,

Gens sans pudeur & sans scrupule,
Dans leurs indécentes gaietés,
Voudront tourner en ridicule,
La réforme où vous vous jettés.
Sans doute ils vous diront que Vénus la friponne,
La Vénus des soupirs, la Vénus d'un moment,
La Vénus qui n'aime personne,
Qui séduit tant de monde, & qui n'a point d'amant,
Vaut mieux que la Vénus & tendre & raisonnable,
Que tout homme de bien doit servir constamment.
Ne croyez pas imprudemment
Cette doctrine abominable.
Aimez toujours Délie ; heureux entre ses bras ;
Osez chanter sur votre lyre
Ses vertus comme ses appas ;
Du véritable amour établissez l'empire,
Les beaux esprits Romains ne le connoissent pas.

ÉPITRE

A Belle & Bonne.

BELLE ET BONNE, c'est votre nom ;
C'est le nom que vous donne un sage ;
Il peint vos traits, votre raison,
Votre cœur & votre visage.

Vous tenez par un nœud plus saint
A l'Appollon qui vous baptife,
Quand, victime offerte & foumife,
Votre front alloit être ceint
Du trifte bandeau d'Héloïfe;
Quand la grille du répentir
Alloit vous ravir à ce monde,
Quand vous alliez vous engloutir,
Au fond d'une prifon profonde,
C'eft lui qui, voyant vos appas
Votre douceur, votre jeune âge,
Ferma l'abîme fous vos pas;
Et pour vous fauver du naufrage,
C'eft lui qui vous tendit les bras.

Den... fit plus encor, peut-être,
Son efprit jufte, aimable & doux,
Vous apprit fans peine à connoître,
Le monde & vos devoirs & vous.

Dans cette agréable retraite,
Où vous coulez vos heureux jours,
On voyoit que vous étiez faite,
Pour vous conduire dans les Coûrs,
Pour briller avec modeftie;
Sans prétentions, fans détours,
Sans vanité, fans jaloufie.

Mais il vaudroit encor bien mieux
Qu'un mortel comme vous fincere,
Charmé de votre caractere,
Tout autant que de vos beaux yeux,
Sût vous chérir & fût vous plaire;
Et qu'un refpectable lien,
Que les Cours ne refpectent guere,
Fît votre bonheur & le fien.

Par M. le Marquis de VILLETTE.

LETTRE

*Écrite à M. de Saint - Marc, par M.
de Voltaire, le lendemain du couronnement de fon bufte fur le Théâtre de
la Comédie.*

MONSIEUR,

J'AI appris que c'eft vous qui daignâtes hier
vous amufer à me donner l'immortalité dans
les plus jolis vers du monde. Ils ont appaifé
les fouffrances que la fuite de ma maladie me
fait encore éprouver. Si je ne fuis pas tout-à-fait
en état de vous répondre dans le langage charmant

mant dont vous faites un fi bel ufage. Je vous
fupplie du moins d'agréer ma vive reconnoif-
fance, & le refpect avec lequel j'ai l'honneur d'ê-
tre, &c.

VERS

Envoyés, quelques jours après, à M.
de Saint-Marc, par M. de Voltaire.

Vous daignez couronner aux jeux de Melpomène,
D'un vieillard affoibli les efforts impuiffans.
Ces lauriers dont vos mains couvroient mes cheveux
      blancs,
    Etoient nés dans votre domaine.
On fait que de fon bien tout mortel eft jaloux ;
Chacun garde pour foi ce que le Ciel lui donne.
    Le Parnaffe n'a vu que vous
      Qui fût partager fa couronne.

VERS

De M. de Voltaire à Madame Hebert,
qui lui avoit envoyé deux remédes;
l'un, contre l'hémorragie; l'autre, con-
tre une fluxion sur les yeux.

Je perdois tout mon sang, vous l'avez conservé;
Mes yeux étoient éteins, & je vous dois la vue.
   Si vous m'avez deux fois sauvé,
   Grace ne vous soit point rendue.
Vous en faites autant pour la foule inconnue
   De cent mortels infortunés.
   Vos soins sont votre récompense.
   Doit-on de la reconnoissance,
   Pour les plaisirs que vous prenez ?

VERS

De M. de Voltaire, à M. le Prince
de Ligne, au sujet du faux bruit de
sa mort, annoncée dans la Gazette de
Bruxelles.

Prince dont le charmant esprit,
Avec tant de grace m'attire,
Si j'étois mort, comme on l'a dit,
N'auriez-vous pas eu le crédit
De m'arracher du sombre empire?
Car je sais très-bien qu'il suffit
De quelques sons de votre lyre;
C'est ainsi qu'Orphée en usoit,
Dans l'antiquité révérée,
Et c'est une chose avérée,
Que plus d'un mort ressuscitoit;
Croyez que dans votre Gazette,
Lorsqu'on parloit de mon trépas,
Ce n'étoit pas chose indiscrette;
Ces Messieurs ne se trompoient pas:
En effet, qu'est-ce que la vie?
C'est un jour; tel est son destin:

Fij

Qu'importe qu'elle foit finie
Vers le foir ou vers le matin.

ADIEUX du Vieillard. [*]

Adieu, mon cher Tybulle, autrefois fi volage,
    Mais toujours chéri d'Apollon,
Au Parnaffe fêté comme aux bords du Lignon,
    Et dont l'Amour a fait un Sage.
Des champs Elyfiens, adieu pompeux rivage ;
De palais, de jardins, de prodiges bordé,
Qu'ont encore embelli, pour l'honneur de notre
        âge,
    Les enfans d'Henri quatre, & ceux du Grand
        Condé.
Combien vous m'enchantiez, Mufes, Graces
        nouvelles,
    Dont les talens & les écrits,
    Seroient de tous nos beaux efprits,
    Ou la cenfure ou les modéles !
Que Paris eft changé ! les Welches n'y font plus.
Je n'entends plus fiffler les ténébreux reptiles,

(a) M. de Voltaire, prêt de retourner à Ferney, a
fait ces vers d'adieu à Paris.

Les Tartuffes affreux, les infolens Zoïles;
J'ai paffé; de la terre ils étoient difparus.
Mes yeux, après trente ans, n'ont vu qu'un peu-
     ple aimable,
Inftruit, mais indulgent; doux, vif & fociable;
Il eft né pour aimer. L'élite des François
Eft l'exemple du monde, & vaut tous les
     Anglois.
De la fociété, les douceurs défirées,
Dans vingt Etats puiffans font encore ignorées;
On les goûte à Paris. C'eft le premier des arts.
Peuple heureux, il nâquit, il regne en vos
     remparts.
Je m'arrache en pleurant à fon charmant empire;
Je retourne à ces monts qui menacent les Cieux,
A ces antres glacés où la nature expire;
Je vous regretterois à la table des Dieux.

RÉPONSE

Aux adieux de M. de Voltaire.

QUAND la Ville & la Cour vous portent leur
     hommage;
Et qu'un peuple enchanté vous reçoit dans fes
     bras;

Quand vous rencontrez fur vos pas,
Le refpect & l'amour peints fur chaque vifage;
Quand vous voyez les pleurs échappés de nos
      yeux,
  Répandus à votre paffage,
Vous voulez nous quitter : & vous fuyez ces
      lieux,
  Où l'on adore votre image?
Ce François autrefois fi léger, fi volage,
  Ceffe de l'être en vous aimant.

Couronné foixante ans des mains de Melpomène,
  Par vos chef-d'œuvres fur la fcène,

  De tous côtés la gloire vous affiége.
Mais l'amitié pour vous n'a-t-elle point d'attraits?
Maître de tous les cœurs, ah ! reftez à jamais
  Au milieu d'un fi beau cortége !

  Soyez témoins de vos fuccès,
  Et jouiffez de vos conquêtes.

Par M. le Marquis de VILLETTE.

*Au commencement du mois de Juin 1749,
le Roi de Prusse avoit invité M. de
Voltaire à venir auprès de lui, &
pour dissiper les inquiétudes qu'il témoi-
gnoit sur la rigueur du climat de Berlin, ce Prince lui envoya des attesta-
tions sur la beauté de la saison dans ce
pays-là, signés du Marquis d'Argens,
d'Algaroti & de quelques autres gens
de Lettres qu'il avoit à sa Cour. M.
d'A., alors Sécrétaire de Sa Majesté
Prussienne, fut chargé d'en faire une en
vers. La voici.*

JE, qui suis né sur les bords de la Seine ;
Mais qui depuis dix ans habite ces climats,
Où l'on croit que l'hyver & ses affreux frimats
Accablent en tout temps de froidure & de peine,
A tout chacun atteste & certifie,
 Que depuis environ deux mois ;
Il fait dans ce pays des chaleurs d'Italie ;
 Que l'on y mange, fraises, pois,
Abricots & melons, aussi bons qu'en Turquie ;

Qu'on y jouit auſſi de la tranquillité
　　Qui rend le travail agréable,
　　Et qu'on peut avec liberté,
Travailler dans ſon lit, & ne point boire à
　　table,
　　En foi de quoi, j'ai ſigné le préſent,
Dans le palais d'un Monarque adorable,
　　Qui fait des vers en s'amuſant,
　　Qui ſouffre la goutte en riant ;
Et pour ſes ennemis ſeulement redoutable,
　　A Sans-Souci, ſéjour charmant,
　　Avec ſes amis doux, affable,
　　Ne ſe montre le plus puiſſant,
　　Qu'en ſe montrant le plus aimable.

M. de Voltaire fit la Réponſe ſuivante.

O GENS profonds & délicats,
　　Lumieres de l'Académie,
　　Chacun prend de vos almanachs.
　　Vous donnez des certificats
　　Sur le beau temps & ſur la pluie ;
　　Mais il me faut un autre ſoin,
　　Et ma figure auroit beſoin
　　D'un bon certificat de vie.
　　Chez vous tout brille, tout fleurit ;

Tout vous y plaît ; je dois le croire ;
Je me doute bien qu'on chérit
Les climats dont on fait la gloire.
Vous, & Frédéric votre appui,
Que j'appelle toujours grand homme ;
Quand je ne parle pas à lui,
Ce Roi, ce Trajan d'aujourd'hui,
Plus gai que le Trajan de Rome ;
Ce Roi dont je fus tant épris,
Et vous, très-graves personnages,
Qui passez pour ses favoris,
Et pour heureux autant que Sages ;
Vous, dis-je, & Frédéric le grand,
Vous, vos talens & son génie,
Vous feriez un pays charmant,
Des glaces de la Laponie.
Vous auriez beau certifier
Qu'on voit mûrir dans vos contrées,
De Bacchus les grappes dorées,
Tout aussi bien que les lauriers ;
De ma part je vous certifie
Que le devoir & l'amitié,
Qui, depuis vingt ans, m'ont lié,
Me retiennent près d'Emilie.

Vous m'avouerez, mon cher Monsieur, que
si vous avez eu quelques beaux jours au commen-

cement de Mai, vous avez payé depuis un peu
cher cette faveur paſſagere. Mes plus beaux jours
ſeront en automne. Je viendrai dans votre char-
mante Cour, ſi je ſuis en vie : c'eſt un tour
de force dans l'état où je ſuis ; mais que ne
fait-on pas pour voir Frédéric-le-Grand, & les
hommes qu'il raſſemble autour de lui!...

IMPROMPTU.

Madame P***, badinant avec M. de Voltaire, lui diſoit des choſes agréables, & entr'autres combien elle s'intéreſſoit à ſa ſanté, lui ajou-
tant impérieuſement qu'il falloit qu'il ſe conſer-
vât. Le Poëte octogénaire lui répondit ſur le
champ avec une ingénueuſe vivacité :

Vous voulez arrêter mon ame fugitive ;
   Ah ! Madame, je le crois bien ;
De tout ce qu'on poſſéde on ne veut perdre rien.
   On veut que ſon Eſclave vive.

FIN.

TABLE DES MATIERES.

Fin de la Table.

www.ingramcontent.com/pod-product-compliance
Lightning Source LLC
LaVergne TN
LVHW050555090426
835512LV00008B/1180